D0556768

À qui ferais-je
de la peine
si j'étais
moi-même?

Infographie : Louise Durocher et Chantal Landry
Révision : Paule Noyart
Correction : Anne-Marie Théorêt

Catalogage avant publication de Bibliothèque et Archives
nationales du Québec et Bibliothèque et Archives Canada

Salomé, Jacques

À qui ferais-je de la peine si j'étais moi-même? : comment
renoncer à nos autosaboteurs

Comprend des réf. bibliogr.

ISBN 978-2-7619-2507-5

1. Assertivité. 2. Connaissance de soi. 3. Confiance en soi.
I. Titre.

BF575.A85S24 2008   158.2   C2008-941154-4

Pour en savoir davantage sur nos publications,
visitez notre site : **www.edhomme.com**
Autres sites à visiter : www.edjour.com
www.edtypo.com • www.edvlb.com
www.edhexagone.com • www.edutilis.com

01-09

© 2008, Les Éditions de l'Homme,
division du Groupe Sogides inc.,
filiale du Groupe Livre Quebecor Media inc.
(Montréal, Québec)

Tous droits réservés

Dépôt légal : 2008
Bibliothèque et Archives nationales du Québec

ISBN 978-2-7619-2507-5

DISTRIBUTEURS EXCLUSIFS :

• Pour le Canada et les États-Unis :
MESSAGERIES ADP*
2315, rue de la Province
Longueuil, Québec J4G 1G4
Tél. : 450 640-1237
Télécopieur : 450 674-6237
* filiale du Groupe Sogides inc.,
  filiale du Groupe Livre Quebecor Media inc.

• Pour la France et les autres pays :
INTERFORUM editis
Immeuble Paryseine, 3, Allée de la Seine
94854 Ivry CEDEX
Tél. : 33 (0) 1 49 59 11 56/91
Télécopieur : 33 (0) 1 49 59 11 33
Service commandes France Métropolitaine
Tél. : 33 (0) 2 38 32 71 00
Télécopieur : 33 (0) 2 38 32 71 28
Internet : www.interforum.fr
Service commandes Export – DOM-TOM
Télécopieur : 33 (0) 2 38 32 78 86
Internet : www.interforum.fr
Courriel : cdes-export@interforum.fr

• Pour la Suisse :
INTERFORUM editis SUISSE
Case postale 69 – CH 1701 Fribourg – Suisse
Tél. : 41 (0) 26 460 80 60
Télécopieur : 41 (0) 26 460 80 68
Internet : www.interforumsuisse.ch
Courriel : office@interforumsuisse.ch
Distributeur : OLF S.A.
ZI. 3, Corminboeuf
Case postale 1061 – CH 1701 Fribourg – Suisse
Commandes :   Tél. : 41 (0) 26 467 53 33
               Télécopieur : 41 (0) 26 467 54 66
               Internet : www.olf.ch
               Courriel : information@olf.ch

• Pour la Belgique et le Luxembourg :
INTERFORUM editis BENELUX S.A.
Boulevard de l'Europe 117,
B-1301 Wavre – Belgique
Tél. : 32 (0) 10 42 03 20
Télécopieur : 32 (0) 10 41 20 24
Internet : www.interforum.be
Courriel : info@interforum.be

Gouvernement du Québec – Programme de crédit
d'impôt pour l'édition de livres – Gestion SODEC –
www.sodec.gouv.qc.ca

L'Éditeur bénéficie du soutien de la Société de développement des entreprises culturelles du Québec pour son
programme d'édition.

Le Conseil des Arts du Canada
The Canada Council for the Arts

Nous remercions le Conseil des Arts du Canada de l'aide
accordée à notre programme de publication.

Nous reconnaissons l'aide financière du gouvernement
du Canada par l'entremise du Programme d'aide au développement de l'industrie de l'édition (PADIÉ) pour nos
activités d'édition.

Jacques Salomé

À qui ferais-je de la peine si j'étais moi-même?

Comment renoncer à nos autosaboteurs

LES ÉDITIONS DE
L'HOMME

Une compagnie de Quebecor Media

Du même auteur

Supervision et formation de l'éducateur spécialisé, Toulouse, Éditions Privat, 1972 [Épuisé]
Parle-moi, j'ai des choses à te dire, Montréal, Les Éditions de l'Homme, 1982
Relation d'aide et formation à l'entretien, Villeneuve d'Asq, Les éditions du Septentrion, 1987
Apprivoiser la tendresse, Saint-Julien-en-Genevois, Éditions Jouvence, 1989
Les Mémoires de l'oubli (en collaboration avec Sylvie Galland),
     Saint-Julien-en-Genevois, Éditions Jouvence, 1989 [Paris, Albin Michel, 1999]
Papa, Maman, écoutez-moi vraiment, Paris, Albin Michel, 1989 [J'ai Lu, 1998]
Si je m'écoutais… je m'entendrais (en collaboration avec Sylvie Galland), Montréal,
     Les Éditions de l'Homme, 1990
Je m'appelle toi, Paris, Albin Michel, 1990
T'es toi quand tu parles, Paris, Albin Michel, 1991 [Paris, Pocket, 2005]
Bonjour tendresse, Paris, Albin Michel, 1992
Contes à guérir, contes à grandir, Paris, Albin Michel, 1993
Aimer et se le dire (en collaboration avec Sylvie Galland), Montréal,
     Éditions de l'Homme, 1993
L'Enfant Bouddha, Paris, Albin Michel, 1993
Heureux qui communique, Paris, Albin Michel, 1993
Paroles d'amour, Paris, Albin Michel, 1995
Jamais seuls ensemble, Montréal, Les Éditions de l'Homme, 1995
Charte de vie relationnelle à l'école, Paris, Albin Michel, 1995
Communiquer pour vivre (ouvrage collectif), Paris, Albin Michel, 1995
Roussillon sur ciel, Graty (Belgique), Deladrière, 1995
C'est comme ça, ne discute pas, Paris, Albin Michel, 1996
En amour, l'avenir vient de loin, Paris, Albin Michel, 1996
Tous les matins de l'amour… ont un soir, Paris, Albin Michel, 1997
Pour ne plus vivre sur la planète Taire, Paris, Albin Michel, 1997
Éloge du couple, Paris, Albin Michel, 1998
Une vie à se dire, Montréal, Les Éditions de l'Homme, 1998 [Paris, Pocket, 2003]
Toi mon infinitude, Paris, Albin Michel, 1998
Le Courage d'être soi, Gordes, Éditions du Relié, 1999 [Paris, Pocket, 2001]
Paroles à guérir, Paris, Albin Michel, 1999
Dis, papa, l'amour c'est quoi ?, Paris, Albin Michel, 1999 [Paris, Pocket, 2004]
Car nous venons tous du pays de notre enfance, Paris, Albin Michel, 2000
Au fil de la tendresse (en collaboration avec Julos Beaucarne), Bruxelles, Éditions Ancrage, 2000
Contes à s'aimer, contes à aimer, Paris, Albin Michel, 2000
Oser travailler heureux (en collaboration avec Christian Potié), Paris, Albin Michel, 2000
Les chemins de l'amour (en collaboration avec C. Enjolet), Paris, Pocket, 2000
Inventons la paix, Paris, Librio n° 338, 2000
Passeur de vies (entretiens avec Marie de Solemne), Paris, Éditions Dervy, 2000 [Paris, Pocket, 2003]
Car nul ne sait à l'avance la durée de vie d'un amour, Paris, Éditions Dervy, 2001
Lettres à l'intime de soi, Paris, Albin Michel, 2001
Je t'appelle tendresse, Paris, Albin Michel, 2002
Un océan de tendresse, Paris, Éditions Dervy, 2002
Mille et un chemins vers l'autre, Gap, Le Souffle d'Or, 2002
Vivre avec les autres, Montréal, Les Éditions de l'Homme, 2002
Je mourrai avec mes blessures : entretiens avec Jef Gianadda, Saint-Julien-en-Genevois,
     Éditions Jouvence, 2002
Écrire l'amour, Paris, Éditions Dervy, 2003
Vivre avec les miens, Montréal, Les Éditions de l'Homme, 2003
Je croyais qu'il suffisait de t'aimer, Paris, Albin Michel, 2003
Vivre avec soi, Montréal, Les Éditions de l'Homme, 2003
Si on en parlait… une issue à la violence conjugale, Saint-Julien-en-Genevois,
     Éditions Jouvence, 2004
Minuscules aperçus sur la difficulté de soigner, Paris, Albin Michel, 2004
Minuscules aperçus sur la difficulté d'enseigner, Paris, Albin Michel, 2004
N'oublie pas l'éternité, Paris, Albin Michel, 2005
Inventer la tendresse, Paris, Éditions Bachari, 2005
Et si nous inventions notre vie ?, Gordes, Éditions du Relié, 2006
Pensées tendres à respirer au quotidien, Paris, Albin Michel, 2006
Contes d'errance, contes d'espérance, Paris, Albin Michel, 2007
Pourquoi est-il si difficile d'être heureux ?, Paris, Albin Michel, 2007

« Ce qui réside dans les profondeurs de mon cœur
est plus petit qu'un grain de riz, plus petit qu'un grain
d'orge, plus petit qu'un grain de moutarde,
plus petit qu'un grain de millet, plus minuscule que l'intérieur
d'un grain de millet. Cela est plus grand que la terre,
plus grand que le ciel, plus grand que le monde des dieux
et plus vaste que tous les univers. »

CHANDOGYA UPANISHAD

« Mais quand saurai-je le reconnaître en moi?
Sans cesse il faut répéter le mot qu'Eschyle confie
à Pelasgos dans Les Suppliantes : oui j'ai besoin que descende
dans l'abîme tel un plongeur... un regard qui regarde. »

PASCAL GUIGNARD

« Je sais que c'est tentant d'en rester
à la peau douce des apparences. »

ITO NAGA

« Je sais que, sous le soleil, la Méditerranée était
trop bleue et les cyprès trop majestueux pour que je
sois tout à fait heureux. »

ITO NAGA

Oui, à qui aurais-je peur de faire de la peine
si j'osais être moi-même?
si je prenais le risque de me sentir bien?
de réussir? de grandir? de me détacher?
Vers qui dois-je faire la preuve que je suis autre
ou différent de ce que l'on veut ou l'on attend de moi?
C'est en tentant de répondre à ces questions
que j'ai appris beaucoup sur moi.

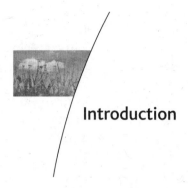

Introduction

Nous avons, semble-t-il, besoin d'injonctions, de leurres, d'histoires à nous raconter pour survivre à des situations inacceptables, pour maintenir à tout prix une image positive de nous-mêmes, pour colorer autrement une situation, pour continuer à espérer quand tout nous montre que seul le désespoir domine.

Nous avons parfois besoin de recomposer non seulement le réel, mais aussi de restaurer notre intériorité, de confirmer nos propres qualités et nos propres ressources. Alors, nous ajoutons, enlevons, remodelons nos perceptions, et nous dressons, pour les autres comme pour nous-mêmes, un tableau plus idyllique de notre personne face à une réalité ressentie comme cruelle. Tout cela vient s'ajouter à nos moyens habituels, reconnus, pour nous adapter, faire face, garder la tête hors de l'eau.

Et puis, en parallèle, il y a un ensemble de conduites que nous produisons et qui vont à l'encontre de nos désirs ou de nos aspirations, qui contrarient nos projets, font obstacle à nos vœux les plus chers, nous entraînent dans des choix et des directions qui sont aux antipodes de nos souhaits et de nos engagements de vie.

Certaines illusions nous sont nécessaires à certains moments de notre vie plus qu'à d'autres. Nous croyons en avoir plus ou moins besoin pour affronter l'imprévisible de notre existence. D'autres nous font le plus grand tort, sans que nous puissions y renoncer, car elles nous semblent essentielles pour maintenir le statu quo, c'est-à-dire le non-changement.

Cet ouvrage traite de quelques-uns de ces comportements, conduites, attitudes et choix de vie qui sont autant d'autosabotages efficaces – l'équivalent de courants et de vents contraires – destinés à nous empêcher de nous réaliser pleinement. Ces autosabotages nous empêchent non seulement d'atteindre un peu de bonheur, mais d'oser entrer dans le bien-être ou, plus simplement, de nous autoriser à vivre du mieux-être.

En prendre conscience, comme le soulignait ma grand-mère, ne sera pas toujours suffisant. Il faudra remonter à la source de leur implantation dans notre vie, aux racines de notre histoire, afin de les déloger, de les apaiser ou d'y renoncer.

Ma grand-mère n'oubliait jamais d'ajouter : « La prise de conscience est nécessaire, indispensable, mais elle ne suffit pas. Ainsi, ce matin, j'ai pris conscience que le pneu arrière de mon vélo était dégonflé et, c'est curieux… cela ne l'a pas regonflé ! »

De page en page, lecteur impatient ou hésitant, vous allez pouvoir rencontrer quelques-uns de vos comportements les plus handicapants et prendre le risque de les renvoyer dans les limbes de votre histoire, de les oublier, ou de les garder s'ils paraissent indispensables à votre vie… pour l'instant.

À propos du terrorisme relationnel envers soi-même

Mieux conscientiser le terrorisme relationnel que l'on peut exercer sur soi-même, c'est tenter de mieux comprendre tout le mal que l'on peut se faire, avec une sincérité aveuglante.

Depuis les débuts de l'humanité, l'homme a toujours été un redoutable prédateur, autant pour autrui que pour lui-même. Ce qui a peut-être changé, ce sont les moyens de cette prédation. Ils se sont affinés, sont devenus plus sophistiqués, plus performants, surtout vis-à-vis de la violence et du mal que l'on peut s'infliger à soi-même ou aux autres. Ce que je vais évoquer ici, c'est la violence et la maltraitance que l'on peut retourner contre soi et, par contamination directe (ou indirecte), contre nos proches ou ceux que nous aimons.

Pour certains, oser être heureux semble être une incongruité ou une calamité. Aussi vont-ils s'employer à se maltraiter avec beaucoup de constance. Se faire mal à soi-même, entretenir ses souffrances d'une manière ou d'une autre, gratter ses blessures, nourrir ses déceptions et saisir tel événement ou tel prétexte pour se disqualifier est parfois, chez un autoprédateur, une activité à plein temps.

« De toute façon, je sais que ce que je fais ne servira à rien, alors je n'ai pas l'intention de m'appliquer à réussir. Je sais par avance que mon travail est inutile, que ce rapport, par exemple, va se perdre dans les labyrinthes de mon administration. Alors, je passe volontairement beaucoup de temps à l'écrire, à le corriger ; je le fais lire à des collègues (dont je bloque ainsi le travail). Avec ce rapport, je tiens en haleine au moins dix personnes qui, comme moi, font des choses sans intérêt. Je compte bien arriver au bout de l'année avec ça, il reste encore quatre mois, je suis sûr de tenir le coup jusque-là, sans m'ennuyer un seul instant ! »

Il y a le mal que l'on se fait en raison de choix de vie, de prises de décisions, d'actes posés qui se révèlent catastrophiques, et aussi celui qu'on entretient en ressassant des pensées toxiques, en ruminant des insatisfactions, des ressentiments ou des rancœurs. Autant d'autoproductions qui sont cultivées avec beaucoup de soin, de créativité, de ténacité et, parfois, de jouissance. Il y a aussi, par voie de conséquence, le mal que l'on va faire à ceux que nous aimons, qui nous aiment, qui nous sont proches quand ils découvriront leur impuissance face à l'énergie incroyable que nous dépensons pour alimenter notre malheur, entretenir notre détresse ou nous complaire dans notre malaise. Vivre avec un autodestructeur invétéré, ou le côtoyer assidûment, est toujours très éprouvant pour l'entourage, qui s'épuise en aides diverses, en réassurances, en conseils avisés qui s'avèrent aussi peu dissuasifs les uns que les autres.

« Plus j'insiste auprès de mon mari pour qu'il change sa voiture, qui le trahit plusieurs fois par mois, plus il s'accroche et tient à me convaincre qu'il aura le dernier mot. Il la traite comme une personne qui lui veut du mal ; je l'entends quelquefois lui parler, les dents serrées : "Je vais lui montrer qu'elle n'est pas la plus forte, je vais la forcer à aller jusqu'en 2010 ! On verra qui aura le dernier mot !" »

Sans aller jusqu'à de tels extrêmes, nous avons tous plus ou moins recours à des autosaboteurs. Nous avons même des autosaboteurs de prédilection qui sont à l'œuvre depuis l'enfance. Pour certains, ces autosaboteurs remontent si loin dans le temps qu'ils les confondent avec leurs origines et les considèrent comme faisant partie d'eux-mêmes, comme inscrits dans leurs gènes, comme inhérents à leur caractère ou à leur personnalité.

« De toute façon j'ai toujours été comme ça. Déjà tout petit, tout me glissait entre les doigts. On croyait que j'étais maladroit, ce n'est pas vrai, il faut une certaine habileté pour ébrécher une assiette ou un plat sans le casser ! Moi, j'ai horreur de garder un truc dans les mains plus de trois minutes. De toute façon, il faut renouveler la vaisselle, non ? »

Je sais qu'en japonais, comme le mentionne Ito Naga, « ce geste m'a échappé » se dit : « Les alentours de ma main sont devenus fous ! » Comme cette image est étrangement parlante ! souligne-t-il.

Il ne sera pas question dans cet ouvrage de nommer tous les autosaboteurs : ils sont trop nombreux, se renouvellent à la demande et ont des ancrages profonds dans l'histoire de chacun.

Je voudrais seulement en présenter quelques-uns et montrer, à titre d'exemples, comment ils sont à l'œuvre dans notre vie.

Avant de développer les ressources de chacun de ces autosaboteurs que l'on pourrait appeler aussi, à l'instar d'Henri Michaux : « les empêcheurs de vivre », car ils sont de « faux amis », ou encore des « ennemis de l'intérieur », puisque c'est par leur intermédiaire que nous violentons notre propre vie et altérons le plus souvent notre relation aux autres avec une habileté redoutable et une ténacité tous azimuts, je voudrais rappeler quelques leçons de vie que j'ai découvertes entre mes dix et mes trente-cinq ans.

Des leçons de vie qui m'ont permis d'accéder à la plus imprévisible des naissances : la naissance à moi-même ! Ce qui m'a souvent fait prétendre que j'étais né à trente-cinq ans et que ma gestation intra-utérine (ou intra-marine), qui avait duré neuf mois, s'était prolongée malgré moi par une gestation extra-utérine (et peut-être extra-terrestre) de plus d'un tiers de siècle !

Ainsi ai-je appris que la vie n'est faite que d'une succession de naissances à partir des rencontres et des séparations qui jalonnent notre existence. Que nous passons une bonne partie de notre existence à nous mettre au monde, avec tous les inconvénients et les avantages que cette odyssée comporte. Inconvénients, dans le sens où nous devons nous adapter aux réactions de notre entourage (pas toujours préparé à l'une ou l'autre de ces nouvelles émergences de nous-mêmes), et avantages, dans le sens où cela nous incite à lâcher prise en abandonnant des croyances erronées et des comportements inadéquats, pour en découvrir d'autres que nous pensons dans un premier temps beaucoup plus adaptés, et auxquels il nous faudra encore (peut-être) renoncer par la suite.

De mutations en mutations, de changements en changements, de lâcher prise en lâcher prise, nous avançons sur le chemin de notre vie, tour à tour aveugles et voyants, confus et lucides, désespérés et enthousiastes.

Parmi toutes les expériences que j'ai traversées, il y en a huit qui ont marqué ma vie de façon non pas tout à fait définitive, mais magistrale, dans la mesure où elles ont inscrit un changement structurant en moi. De chacune d'elles, j'ai retenu un message de vie qui, par la suite, a guidé la plupart de mes engagements d'homme et m'a permis de me respecter davantage dans mes choix relationnels, que ce soit dans mes relations intimes et dans mes relations professionnelles ou sociales, et, de toute façon, dans ma façon d'être et de vivre ma vie.

Ces leçons de vie sont autant de messages adressés à cette part de moi-même qui réclame, parfois, lucidité et courage, d'autres fois apaisement et conciliation, combativité et ténacité. Elles ont été pour moi de véritables balises dans une existence d'errances et de recherches. Elles m'ont amené à accepter de lâcher prise sur des certitudes qui se sont révélées non fiables, à tenter d'accéder au meilleur de moi, et à (et réussir parfois) me réconcilier ainsi avec mes possibles et ce que je croyais être, sans trop me tromper, le meilleur de moi.

Ces leçons de vie ont été des repères solides. Elles m'ont aidé à trouver mon chemin sur des voies qui étaient parfois encombrées d'obstacles, traversées de violences et de désespoirs. Ces expériences, j'ai tenté de les transmettre à mes enfants à l'époque où je croyais naïvement les aider à faire l'économie de leurs propres errances, tâtonnements et découvertes.

Quelques leçons de vie dans une existence qui n'en finit pas de se chercher

1. L'expérience de la maladie et de la privation de mouvements

À partir de dix ans, à la suite d'une maladie osseuse grave, je suis resté immobilisé sur un lit de sanatorium pendant quatre ans, le corps enfermé dans un plâtre des pieds à la poitrine. La vie horizontale a favorisé chez moi une propension certaine (et irrémédiable) à la rêverie éveillée, ainsi qu'un goût du silence et une tendance à l'intériorisation. Mais ce séjour à 1800 m d'altitude, face au Cambre d'Aze (le nez d'âne), pic moyen de la chaîne des Pyrénées, a aussi généré quelques distorsions dans mon appréhension du réel. Par la suite, j'ai eu beaucoup de mal à affronter la réalité et à me confronter à elle, tandis que mon imaginaire cherchait sans arrêt comment trouver une place plus confortable.

Quand j'ai quitté mon dernier plâtre (auquel je tenais beaucoup, car il était couvert d'inscriptions et de pensées que je voulais positives), j'ai entendu le médecin me dire : « Vous vous en sortez bien, Salomé, vous allez pouvoir vivre dans une chaise roulante le reste de votre vie au lieu de rester couché dans un corset métallique. » Cette phrase, qui aurait fait hurler de joie au moins deux de mes camarades de chambre, m'a consterné. J'ai ressenti une sorte d'électrochoc, pour aussitôt comprendre que je trouvais inacceptable que l'on me définisse ainsi et que l'on m'enferme dans un pronostic aussi pessimiste, pour ne pas dire redoutable (malgré les dires du médecin qui voyait mon avenir tel qu'il le décrivait : comme un moindre mal). Ce que j'ai entendu, moi, avec une énergie qui m'a submergé, c'est qu'il n'était pas question que je passe le restant de mes jours dans une chaise roulante.

Dès cet instant, apprendre à marcher est devenu vital pour moi.

La rééducation fut lente et laborieuse, douloureuse parfois, mais portée par l'espérance (qui est plus durable que l'espoir, comme chacun sait !). Quelques années plus tard, je marchais (en rasant les murs, honteux de ma claudication, certes), mais je marchais par mes propres moyens !

La première leçon de vie que j'ai tirée de cette expérience : ne plus jamais me laisser définir par les autres. Quels que soient l'amour, la compétence ou la bonté que l'autre voulait me témoigner, ne plus jamais me laisser étiqueter par son point de vue, sa croyance ou son regard si ceux-ci ne correspondaient pas à mon regard, à mon point de vue ou à ma croyance. Ne plus jamais me laisser enfermer par les attentes, par la gentillesse, par la compréhension, ni par les peurs ou les désirs de ceux qui prétendaient me connaître mieux que moi. Ne pas m'aligner sur leur savoir ou sur ce qu'ils prétendaient être leur compétence ou leur technicité.

Accéder ainsi, avec tous les tâtonnements que de tels choix entraînent, à une meilleure autodéfinition de moi-même. Et, lorsque je suis en position de pouvoir, d'influence ou d'autorité, de m'interdire de définir l'autre.

Le poème suivant, écrit beaucoup plus tard, résume quelques-unes de mes positions autour de la maladie.

Prière d'un enfant infirme à ses parents

Maman, Papa,
puis-je vous rappeler que je souffre d'une infirmité?
Puis-je vous dire que cette infirmité a un nom
et que je souhaite ne pas être confondu avec elle?
Puis-je vous suggérer, Maman, Papa, d'oser entendre
que la personne handicapée,
c'est chacun de vous?
Vous allez être étonnés, bien sûr,
personne ne vous a jamais dit des choses pareilles.
Vous allez être surpris, choqués, peut-être!
Mais pour moi, qui suis votre enfant porteur d'une infirmité
visible, gênante et parfois aliénante, c'est une évidence!
Le handicap, dans notre relation, dans votre relation avec moi...
il est bien chez vous.
Je sais combien c'est difficile pour vous d'envisager ce point de vue.
D'oser accepter et de montrer que vous êtes handicapés
quand vous êtes en ma présence, quand vous tentez avec moi
les simples gestes du quotidien, autour des soins donnés à mon corps,
à propos de mon éducation, de mes loisirs,
de mon intégration dans le monde.
Au dehors, à la maison, dans les moindres actions
et les démarches les plus banales,
je sens bien que je vous mets en difficulté.
Ainsi, il a paru beaucoup plus facile, pendant des siècles,
à tous les parents meurtris et blessés d'avoir un enfant
frappé d'une infirmité majeure, souvent irrémédiable,
de se dire que le handicapé, c'était l'enfant!
D'ailleurs, tout le monde autour de vous le confirme,
va dans le même sens:

« Ils n'ont pas eu de chance, ils ont eu un enfant handicapé,
et patati et patata. »
Vous adhérez le plus souvent à une Association de Parents
d'Enfants Handicapés, pour vous soutenir mutuellement le moral,
pour mieux nous aider, pour avoir plus de moyens.
Mais quelle erreur de projeter, de déplacer ainsi
votre propre handicap sur moi !
Accepteriez-vous un jour d'adhérer à une Association de Parents
Handicapés par l'Infirmité de leurs Enfants ?
Ce serait tellement plus juste, plus vrai, plus honnête, aussi.
Plus honnête, plus respectueux pour les milliers d'enfants infirmes
qui se sont vus attribuer l'étiquette : « Handicapé »
en plus de leur maladie ou de leur infirmité.

Papa, maman,
c'est un beau cadeau que vous pourriez me faire.
Premièrement, en symbolisant, par un objet, mon infirmité,
afin de ne plus me confondre avec elle.
Cela m'aidera à témoigner autour de moi de mon infirmité
en la montrant comme séparée de moi.
Deuxièmement, en symbolisant par un autre objet votre propre
handicap, un objet que vous porteriez de façon visible sur vous,
de façon à ne plus faire peser votre handicap sur moi,
et pour que chacun, autour de vous, reconnaisse que, malgré tout
l'amour et le dévouement dont vous faites preuve envers moi,
vous avez un lourd handicap, que vous portez avec courage :
celui d'avoir un enfant infirme.
En osant montrer cet objet sur vous, vous rappelleriez aux autres,
à tous ceux qui auront l'occasion de simplement me croiser,
de me rencontrer, ou d'entrer en relation avec moi, qu'ils portent
eux aussi une partie de ce handicap temporaire ou permanent.
Et chaque fois qu'ils me rencontreront dans la rue,
dans un magasin, chez le boulanger du coin,
ils pourront témoigner que le handicap est bien chez eux.
Car vous les avez vus, ils ne savent pas comment se comporter,
ni avec moi ni avec vous !
Ils font semblant de ne pas voir, ou alors ils s'apitoient,
en font trop...

Si, en plus, vous osiez prendre soin de votre propre handicap,
lui donner de l'attention, de l'intérêt, de la bienveillance,
vous m'aideriez plus que vous ne pouvez le penser,
je me sentirais moins coupable d'avoir déclenché tant de malaise
et de souffrance chez vous !
Mon copain « trisomique », puisque tout le monde l'appelle ainsi,
me disait :
« Mais pourquoi ils me confondent toujours avec ma trisomie ? »
Oui, pourquoi ?
Il ajoutait, avec colère : « Et pourquoi ne reconnaissent-ils pas
qu'ils sont handicapés d'avoir un enfant avec une infirmité
comme la mienne, puisqu'ils ne peuvent faire avec moi
ce qu'ils font naturellement avec leurs autres enfants,
mes frères ou mes sœurs ?
Ce sont bien eux les handicapés
dans la relation qu'ils ont avec moi ! »
Il n'est pas bête, mon copain, de penser comme il pense,
et de se poser ces questions !
Moi, je crois qu'il a compris beaucoup de choses :
il ne veut pas que l'on confonde son infirmité et le handicap
qu'elle déclenche chez les autres.

2. L'expérience amoureuse

À dix-huit ans, j'ai vécu une expérience amoureuse importante après une rencontre magique qui a éveillé plus d'étonnements et d'émerveillements en moi que je n'en avais vécus jusqu'alors. Elle m'aimait, ou croyait m'aimer, c'est du moins ce qu'elle me disait avec sa bouche, ses yeux, ses gestes et la générosité de ses abandons. Je l'aimais, du moins j'en étais sûr, au point d'être prêt à me jeter, pour l'assommer, sur celui qui en aurait douté. Je me sentais mûr pour affronter avec elle toutes les incertitudes et tous les tumultes de la vie. Je pensais naïvement que nos sentiments, les siens ajoutés aux miens, étaient grandement suffisants pour nous permettre de cheminer longtemps ensemble, de nous entendre comme avec personne d'autre et de rester pour la vie aimants et aimés. Deux ans plus tard, nous étions séparés par mille kilomètres, déchirés de l'intérieur et remplis l'un envers l'autre d'une amertume telle que nous ne pouvions plus nous adresser la parole. Elle et moi, blessés, bouleversés par le chaos que cette relation avait révélé sur nos aveuglements et surtout sur nos manques. Si démunis de n'avoir pas su nous proposer l'un à l'autre des relations vivantes et stimulantes, des échanges légers et créatifs, des partages joyeux et toniques, comme nous en avions l'intention au départ.

La deuxième leçon de vie que j'ai ainsi apprise a mis longtemps à s'inscrire en moi : ce n'est pas l'amour qui maintient ensemble deux êtres dans la durée, c'est la qualité de la relation qu'ils peuvent se proposer l'un à l'autre.

C'est la capacité, chez l'un et chez l'autre, d'entretenir des échanges en réciprocité, et d'établir une relation de mutualité suffisamment nourrissante pour alimenter leur amour, le vivifier et le prolonger dans le temps.

Ce qui m'a inspiré plus tard le texte qui suit.

C'est l'amour qui permet cela...

Aimer c'est plus que vivre.

Il ne me semble pas possible, dans une seule existence,
aussi pleine soit-elle de passions et de découvertes, de découvrir,
d'une part, tous les possibles de la vie en soi et, d'autre part,
toutes les richesses de l'amour partagé. Mais du moins pouvons-nous
approcher quelques-uns de ces possibles et quelques-unes
de ces richesses. Peut-être pouvons-nous toucher du doigt
d'autres possibles, ou entrer de plain-pied dans certains,
ou nous laisser tout simplement porter et guider
par ce sentiment inouï appelé amour,
qui nous accompagne et nous bénit parfois
sans que nous le sachions toujours.
Quand une de mes filles me demandait : « Comment un miracle
arrive-t-il ? » et que je lui répondais : « En sachant l'accueillir »,
je ne savais pas encore qu'il ne suffisait pas de recevoir
ou d'accueillir ce qui nous est offert, mais qu'il fallait apprendre
à le faire vivre en nous longtemps, à le prolonger, à l'amplifier.
Aujourd'hui, j'aurais envie d'ajouter :
« L'accueillir et oser l'agrandir ! »
C'est l'amour qui permet d'aller au-delà.

Aimer c'est plus que vivre.

La Vie, que nous avons reçue en cadeau à notre conception,
est bien plus que ce que nous pouvons en appréhender
avec nos cinq sens, nos ressources physiques, notre intelligence,
notre sensibilité et notre intuition. La Vie est un immense
réservoir de possibles, sans cesse renouvelés, non seulement
par des stimulations de toutes sortes et par des rencontres,
mais aussi par des matériaux qui ne demandent qu'à être
rassemblés, rapprochés, reliés pour devenir des créations.
C'est l'amour qui permet d'aller au-delà.

Aimer c'est plus que vivre.

À certains moments, nous sentons bien que nous baignons
dans l'essentiel et que nous touchons du doigt quelques-uns
des morceaux du puzzle infini de tout ce qui nous entoure,
de tout ce qui nous habite, de tout ce qui nous transcende
bien au-delà des quelques réalisations ou constructions visibles.
Et que nous pouvons être projetés dans l'immensité
d'un accomplissement qui nous dépasse.
C'est l'amour qui permet cela.

Aimer c'est plus que vivre.

Nous avons à nous construire, à nous agrandir, à nous élargir,
non seulement avec ce qui est autour de nous,
mais aussi avec ce qui est en dedans de nous.
Nous pouvons approfondir, descendre, plonger dans le noir
et l'obscur de nos errances, affronter les strates cachées
de notre histoire, oser entrer dans le lumineux et l'ensoleillé
de nos découvertes, retrouver nos racines, nos graines,
nos bourgeons, nos fleurs, nos semences généreuses.
C'est l'amour qui permet cela.

Aimer c'est plus que vivre.

Oui, aimer c'est plus que vivre. J'ai emprunté cette phrase,
que je trouve superbe et émouvante, à Victor Hugo,
qui fut un chantre de l'amour.

3. L'expérience professionnelle

J'avais vingt-quatre ans, quelques diplômes, un peu de savoir, très peu de savoir-faire, encore moins de savoir-être, mais si peu de doute sur mes capacités que j'ai commis l'erreur d'accepter un poste à responsabilités. J'ai beaucoup souffert dans mes fonctions de directeur, car j'ai découvert qu'il ne suffisait pas d'être en possession d'un titre et d'occuper un poste de pouvoir pour animer et dynamiser une équipe de quelque soixante-cinq personnes. J'ai commis beaucoup d'erreurs avant de comprendre qu'il fallait, pour ce faire, avoir une écoute, une stabilité émotionnelle et des compétences relationnelles dont j'ignorais jusqu'à l'existence. J'étais persuadé, avec une sincérité redoutable, que c'était aux autres de changer, de me comprendre, de faire un effort pour que je me sente bien. Je croyais qu'il leur appartenait de prendre conscience et de se donner les moyens de mieux se positionner et de s'affirmer «pour que tout marche mieux, sans problème!». Je faisais appel avec beaucoup de paternalisme à leur bonne volonté. Je valorisais leur désir (qui était le mien) de voir cette équipe marcher du feu de Dieu! Bref, je pataugeais entre semi-directivité et autoritarisme, entre chantage et culpabilisation, entre soutien individuel et admonestations moralisantes pour tenter de faire *cracher* à mes collaborateurs le meilleur d'eux-mêmes. Ce furent des années passionnantes, au cours desquelles j'ai dépensé une énergie folle. Pourtant, même si nous avons réalisé ensemble des actions formidables, si nous avons sorti un certain nombre d'enfants de la délinquance, de la violence et des risques de la prostitution, j'ai commis, j'en ai pris conscience plus tard, un certain nombre d'injustices avec le personnel qui travaillait avec moi.

La troisième leçon de vie qui a émergé de cette expérience : au-delà des savoirs et des savoir-faire, il faut un savoir-être, un savoir-créer et un savoir-devenir pour animer une équipe et donner à chacun de ses membres les moyens de se réaliser au mieux de ses ressources et de ses limites.

J'ai aussi compris que savoir-être, savoir-créer et savoir-devenir s'intériorisent et s'intègrent avec l'apprentissage de quelques règles d'hygiène relationnelle, et qu'ils doivent s'appuyer sur l'utilisation de quelques outils directement applicables dans un échange. J'ai appris que les mots sont nécessaires et indispensables pour communiquer, mais qu'ils ne sont pas suffisants pour construire une relation durable. Qu'il faut donc, au-delà des mots et de l'expression verbale, une capacité de mettre en commun et de différencier chacune des relations qui nous relie au monde. Ce fut l'origine de la méthode que j'enseigne aujourd'hui, la « méthode ESPERE », dont je rappellerai, plus loin, quelques balises, concepts et principes. Le texte suivant résume mes positions dans ce domaine.

Quelques obstacles à la communication dans le monde du travail et leurs conséquences possibles

1- **Diriger, commander, imposer** à force d'injonctions (dire à l'autre ce qu'il doit faire, pas faire, dire, pas dire).
Conséquences : transforme un collaborateur en exécutant, le rend dépendant, suscite de l'ambivalence (mélange détonant de sentiments positifs et de sentiments négatifs).

2- **Menacer, énoncer des prophéties, lancer des anathèmes, faire la leçon.**
Conséquences : place l'interlocuteur sur la défensive, dans le retrait, nourrit son imaginaire et risque d'éveiller en lui un sentiment de persécution.

3- **Dramatiser, anticiper négativement** les conséquences d'un acte ou d'un comportement.
Conséquences : diminue les énergies, suscite une perte de la confiance en soi, fragilise les ressources des uns et des autres.

4- **Exhorter, convaincre** (vouloir faire passer d'abord son propre désir, prêcher, moraliser).
Conséquences : augmente les défenses, rigidifie les positions, fait naître une culpabilité qui finit par se retourner contre celui qui l'a déclenchée.

5- **Répondre trop vite, donner des solutions, faire des suggestions** (se substituer à l'autre « si j'étais à ta place, je n'accepterais pas cela ; à mon avis, voici ce que tu devrais faire »).
Conséquences : infantilise, maintien en dépendance.

6- **Argumenter, discuter** (faire appel au bon sens, à la logique, vouloir influencer à tout prix le déroulement des faits, imposer son opinion comme étant la meilleure).
Conséquences : favorise un double mouvement : acceptation dans un premier temps, doutes et opposition larvée dans un second.

7- **Juger, critiquer, blâmer** (porter un jugement négatif sur la personne, l'évaluer).

Conséquences : perte de confiance ; fait naître des inhibitions et des conduites de retrait ; diminue l'engagement.

8- **Louanger à l'excès** (valoriser sans raison).

Conséquences : mobilisation limitée à la recherche de l'approbation ; entretien des attitudes clivées en tout ou rien (le bon d'un côté, focalisé sur celui qui valorise ; le moins bon de l'autre, focalisé sur les autres !).

9- **Donner des surnoms, ridiculiser, rabaisser, dévaloriser** (une personne ou un résultat).

Conséquences : crée une distance, un retrait, une fuite.

10- **Interpréter, analyser** (placer dans une catégorie ; faire de la psychologie à outrance).

Conséquences : se perdre en interprétations, se couper du ressenti, s'éloigner du vécu.

11- **Manipuler :** vouloir faire entrer l'autre dans notre désir tout en lui laissant croire que c'est le sien ; lui attribuer des idées qu'il n'a pas, lui faire dire des choses qu'il n'a pas envie de dire...

Conséquences : suscite de l'ambivalence, nourrit des ressentiments, fait naître de l'agressivité directe ou indirecte.

12- **Rassurer, sympathiser, consoler, sauver** (façon indirecte de nier le ressenti ou les sentiments réels de l'autre).

Conséquences : ne permet pas à l'autre d'apprendre à vivre avec ses sentiments, ses émotions, ou d'entendre son ressenti et de se connecter au retentissement qu'il y a derrière.

13- **Questionner, interroger, faire intrusion ou irruption dans l'intimité de l'autre** (ne pas respecter la bonne distance relationnelle).

Conséquences : fermeture ou débordement ; suscite des réponses en conserve ; ne permet pas de formuler l'interrogation qui est derrière la question.

14- **Plaisanter, minimiser, ironiser** (faire comme si le problème n'était pas important).

Conséquences : déplace le problème, détourne la personne de sa préoccupation, déclenche des mécanismes d'évitement.

4. L'expérience parentale

J'ai eu mon premier enfant avant mes vingt-cinq ans, et là, en quelques jours, j'ai compris que j'étais un véritable infirme de la communication, que je ne savais pas me dire, ni être à l'écoute de mes émotions ; que je ne savais pas trouver les mots justes, au plus près de ce que j'éprouvais, pour exprimer mes sentiments ; que j'étais incapable de traduire mes ressentis autrement que par des conduites réactionnelles, avec une susceptibilité (que je croyais être de la sensibilité) à fleur de peau. Que j'en étais réduit à parler sur les autres, à discourir autour d'idées et de généralisations, sans pouvoir me signifier dans ce que j'éprouvais, ressentais, vivais à l'intérieur de moi. Puis j'ai découvert, quelques années plus tard, qu'il était temps que j'apprenne à m'aimer, autrement dit à me respecter, à retrouver un peu d'estime pour moi. Une estime que je n'avais jamais eue. Pendant les premières années de ma vie de parent, ce fut l'enfer au quotidien. Tout était problème : les repas, le coucher, le lever, la toilette, les loisirs, la vêture, les sorties. Tout se transformait en conflits, en malentendus, en guerre de tranchées, en bouderies, en pleurs, en colères (nombreuses) et en gifles (peu fréquentes mais qui ont laissé des traces douloureuses chez mes enfants et en moi !). J'étais une sorte de flic qui devait veiller à ne pas confondre l'égalité avec l'équité (apporter des réponses différenciées en fonction de l'âge de mes enfants), et qui rendait la justice en donnant à chacun la même part de gâteau (jusqu'à ce que je découvre la vertu des parts inégales face aux besoins différents de chacun). Je devais être le garant de leur réussite scolaire et sportive, musicale et artistique, le témoin discret (mais non passif) de leurs passions et de leurs déceptions. Bref, je ne m'en sortais pas. Toujours sur le pont, de 6 h du matin à 22 h. À ce moment-là, c'est leur mère, mon épouse, qui prenait le relais pour pointer du doigt ce que j'avais dit, pas dit, fait ou pas fait !

Quatrième leçon de vie : le plus beau cadeau que l'on puisse faire à un enfant, en tant que parent ou adulte, n'est pas tant de l'aimer que de lui apprendre à s'aimer. La plus belle offrande durable que l'on puisse offrir à son fils ou à sa fille, c'est de lui donner ce qu'il faut pour qu'il ou elle engrange suffisamment d'amour envers sa personne, un amour qui lui permettra de consolider sa confiance en lui, en elle, de valider son estime de soi et le sentiment de sa propre valeur, sans que cette estime de soi et cette valeur ne dépendent totalement du regard et de l'approbation d'autrui, et par là même de ses proches.

J'ai découvert qu'il était possible d'apprendre, dans le cadre familial, des règles d'hygiène relationnelle, et de s'impliquer plus directement et plus ouvertement, et de mieux se définir dans nos attentes et nos limites (passer de l'implicite à plus d'explicite). Qu'il fallait que j'accepte de me remettre en cause autour des six grandes fonctions qui irriguent les relations parents-enfants. En témoignant, par exemple, que nous sommes bien (ou pas) le géniteur ou la génitrice, que nous les avons portés en nous dans notre imaginaire (surtout pour le géniteur), dans le ventre (pour la génitrice); que nous sommes un papa ou une maman (partie gratifiante de la relation parentale); un père ou une mère (partie plus frustrante de la relation parentale), mais que nous sommes aussi un homme (le mari, le conjoint, le partenaire) et une femme (la femme, la conjointe ou la partenaire privilégiée), tout en étant aussi des professionnels (avec des interférences sur le plan de la vie familiale) et, parfois, un ex-enfant (un ex-petit garçon ou une ex-petite fille) dont les blessures du passé peuvent remonter à la surface, être réveillées, restimulées par le comportement d'un de nos enfants!

J'ai imaginé un enfant écrivant à ses parents pour tenter d'alerter ces derniers et de les sensibiliser à une écoute différente.

Lettre ouverte d'un enfant à ses parents

Maman, papa, je vous serais reconnaissant de ne pas toujours
chercher à m'expliquer ce que vous avez tellement de mal
à comprendre chez moi.

Maman, papa, ne perdez pas trop de temps à me raisonner,
à me rassurer pour tenter d'apaiser vos peurs ou avoir le plaisir
de me faire entrer dans vos désirs.

Maman, papa, en prenant soin de vos peurs (et des désirs
qu'il y a derrière toute peur), vous pouvez m'aider
à rendre moins stressante et plus vivante notre relation.

Maman, papa, je vous en supplie, ne me laissez pas croire
que mes propres désirs sont tout-puissants.
Ils sont simplement l'expression d'un imaginaire
qui doit apprendre à affronter la réalité.

Maman, papa, pouvez-vous simplement m'écouter,
sans tout de suite vous emparer de ce que je dis,
sans prendre chacun de mes tâtonnements
ou chacune de mes révoltes
comme une remise en cause de ce que vous êtes.

Maman, papa, je vous en prie, prenez le risque de me frustrer,
et même de me faire de la peine
en refusant certaines de mes demandes.

Maman, papa, osez vous affirmer avec vos rêves, vos besoins
ou vos erreurs, sans vous justifier en permanence
de tout ce que vous avez fait ou pas fait pour moi.

Maman, papa, je vous remercie infiniment de savoir me dire non,
de ne pas m'entretenir dans l'illusion que vous pouvez être tout
pour moi, et que moi aussi je suis tout pour vous.

Maman, papa, prenez le risque d'entendre mes désirs,
mais n'y répondez pas tout de suite. En voulant les satisfaire
trop vite, vous risquez de les dévitaliser.

Maman, papa, confirmez-moi que je peux rêver d'être plus grand
que je ne le suis et plus petit que vous ne le souhaiteriez,
car je sais que j'ai beaucoup de chemin à faire.

Maman, papa, s'il vous plaît, ne revenez pas trop souvent
sur un refus, ne vous déjugez pas, restez fermes,
c'est comme cela que je peux affronter
les réalités qui m'entourent.

Maman, papa, pour que je puisse me situer, découvrir
mes propres limites, avoir des repères clairs et m'affirmer
face à vous, n'hésitez pas à me donner des limites
et des interdits.

Maman, papa, même si je réagis, si je pleure, même
si je te dis à toi, maman, que tu es « méchante et sans cœur »,
reste ferme et stable. La consistance de ton positionnement
me rassure et me construit.

Maman, papa, même si je vous déçois, si je t'accuse,
toi, papa « de ne rien comprendre », ne m'enferme pas
dans mes réactions par un rejet ou un refus sans appel.

Maman, papa, par pitié, ne démissionnez pas.
Si je tente de vous séduire, résistez ;
si je vous agresse, parfois, ne m'ignorez pas.
C'est comme cela que je pourrai me faire confiance.

Maman, papa, de grâce, vous n'êtes pas obligés d'être des parents
24 heures sur 24, ni même d'être parfaits !
Cela me permettra de souffler un peu
et de trouver la bonne distance.

Maman, papa, au-delà de tous vos rôles actuels,
j'ai besoin de rencontrer
non seulement la femme et l'homme que vous êtes,
mais aussi la petite fille et le petit garçon que vous avez été.

Maman, j'ai besoin, parfois, d'une mère, mais aussi d'une maman.
Papa, n'hésite pas à être un père et accepte sans retenue
de montrer le papa qu'il y a en toi.

Maman, papa, j'ai besoin de vous dire aussi, à chacun :
je ne suis que votre fils, que votre fille
(je ne peux pas tout pour vous) et je ne suis pas que votre fils,
votre fille, (barrez la mention inutile !)
je suis bien plus que cela, sur les multiples chemins de ma vie.

5. L'expérience de la perte et de la séparation

Après quelques années de mariage, j'ai été amené à divorcer, à me séparer de la mère de mes enfants. Et à découvrir (ou redécouvrir) brutalement que toute perte, toute rupture, toute séparation fait non seulement violence à celui ou à celle qui la subit (en réveillant, en restimulant en lui ou en elle des blessures anciennes, des situations inachevées ; en maltraitant des rêves de vie qui semblaient invincibles), mais blesse profondément (quoique pas toujours) celui ou celle qui prend l'initiative de la séparation. C'est ainsi que j'ai porté en moi, durant toute une décennie, doutes et interrogations, culpabilité et remords, tristesse et morosité, et beaucoup de méfiance quant aux relations amoureuses.

Cinquième leçon de vie : ce n'est pas tant ce qui nous arrive qui est important, mais ce que nous en faisons. Ce que nous allons faire, surtout, de ce qui a été réveillé en nous par un événement, une situation, un comportement, une parole, ou la conduite des autres envers nous.

J'ai découvert ce que j'appelle le principe d'autoresponsabilisation, fondé sur le fait que nous sommes responsables de ce que nous faisons avec ce qui surgit dans notre vie. Les impacts d'un événement peuvent nous meurtrir, nous déstabiliser, nous faire douter de nous, mais notre façon de les intérioriser et d'en faire quelque chose d'autre nous appartient, que ce soit en termes de rebondissement (telle situation nous permet de rebondir, d'aller au-delà, de découvrir des solutions et des réponses nouvelles), ou en termes de prise de conscience et de réajustement. Nous pouvons intégrer tout ce qui nous arrive et en faire quelque chose d'autre (plutôt qu'un prétexte pour rester écrasé, passif ou désespéré).

Ainsi quand nous découvrons qu'il est possible de restituer symboliquement la « violence » reçue à la suite d'une perte, d'une séparation ou d'une rupture, à celui (ou à celle) qui a pris la décision de nous écarter de sa vie (même s'il ou elle avait d'excellentes raisons de le faire) et de retrouver, ce faisant, l'énergie, la confiance et l'estime de soi nécessaires pour affronter notre solitude et commencer à poser des jalons pour reconstruire notre vie. L'énergie libérée par cet acte symbolique va nous aider à nous réconcilier avec l'image que nous avons de nous ; elle va nous encourager à entreprendre un travail sur les blessures de notre histoire, sur les situations inachevées, sur les violences reçues dans l'enfance, et nous obliger (pourquoi pas) à nous remettre en question et à renoncer à des modèles, des schémas, des scénarios dans lesquels nous nous sommes complu jusque-là !

Pour prolonger ces découvertes, j'ai longtemps affiché le texte qui suit sur le miroir de ma salle de bain. Ce qui me permettait de le relire au moins deux fois par jour !

La vie, seulement la vie

Notre vie est jalonnée ou bousculée par le surgissement
d'un imprévisible qui nous surprend à chaque instant.
Notre existence n'est faite que de rencontres
et de séparations.
Chacune de ces rencontres,
chaque séparation, sont autant de naissances à venir.
Ce qui fait que nous passons l'essentiel de notre vie
à nous mettre au monde.
Nous avons à vivre des séparations imposées
par la perte, la trahison, la séparation brutale d'un être proche,
d'un être cher (chair).
Nous avons à affronter des séparations choisies,
liées au besoin de nous éloigner, de trouver la bonne distance,
de quitter une relation toxique ou malsaine.
Nous sommes, chaque fois, confrontés aux risques,
aux découvertes et aux étonnements de la solitude.
Et puis viendra le jour où nous accepterons d'entendre
que nous ne sommes jamais seuls,
que nous pouvons nous relier aux forces vives qui nous habitent,
que nous restons porteurs du meilleur de nous.
Le compagnon le plus fiable, le plus fidèle,
celui qui nous accompagnera le plus loin,
le plus longtemps, durant notre passage sur cette terre,
ne peut être que nous-mêmes.
Il convient donc d'apprendre
à vivre en bonne entente avec soi,
en prenant appui sur les trois ancrages
dont nous aurons le plus besoin,
au-delà de notre foi, au-delà de nos enthousiasmes,
au-delà de nos croyances:

La liberté de nous aimer dans la bienveillance,
l'engagement de nous respecter au quotidien,
la capacité de nous responsabiliser en toute occasion.
Le plus beau des cadeaux
que nous puissions offrir au germe de vie
déposé en nous lors de notre conception
est d'agrandir la vie en nous
jusqu'à l'ultime limite de notre existence.
La vie, seulement la vie, honorée, magnifiée,
vivifiée jusqu'au bout.

6. L'expérience du désamour

Plus tard dans ma vie d'adulte, j'ai eu une autre relation intime très intense dans laquelle je me suis senti ensoleillé, vivant comme jamais, créatif et enthousiaste. Mais après quelques années, j'ai constaté que je ne pouvais plus appeler amour les sentiments qui m'habitaient. Quelque chose avait évolué, changé dans mes sentiments, sans que je m'en aperçoive, pour apparaître plus clairement un matin et s'imposer avec une telle force que je ne pouvais plus continuer à me leurrer. Je ne pouvais plus, si je voulais être fidèle à moi-même, continuer à entretenir en moi le mythe d'un amour que je ne ressentais plus. J'éprouvais de la tendresse, de la reconnaissance, de la gratitude et une admiration sans borne pour cette femme, mais ce n'était plus de l'amour. Ce n'était plus l'amour flamboyant et doux que j'avais connu, cet amour lumineux, dynamique qui me portait vers elle dès le réveil.

Cette découverte, dans un premier temps, m'a anéanti, terrassé, comme si j'étais vidé de toute énergie, dépourvu de tout but dans la vie. Quelque chose en moi était cassé. Tout un espace vibrant de rêves, de projets, était soudainement devenu silencieux, immobile, sans vie.

Pendant quelques semaines, j'ai pleuré matin et soir. Taraudé par le désespoir de ne plus aimer, de ne plus savoir l'aimer. Je me sentais habité par une rage folle à l'idée que je ne pouvais retrouver en moi des sentiments, un mouvement, un élan que j'aurais pu continuer à appeler amour. J'avais découvert cette évidence terrible: on ne peut pas se forcer à éprouver des sentiments, on ne peut pas dicter à l'autre d'en ressentir quand ceux-ci se sont modifiés ou ont disparu. Je ne peux pas me donner l'ordre d'aimer quand je n'aime plus, ou de ne plus aimer quand j'aime encore, même si ce constat est insupportable et fait mal. Un mal d'autant plus terrible qu'on ne peut accuser personne d'en être la cause, même si on est souvent tenté de le faire. Cette expérience épouvantablement éprouvante, que j'ai vécue comme une injustice intolérable, m'a permis d'entrer dans ce que j'appelle aujourd'hui, avec du recul, mon humanitude. Un sentiment d'humilité fait d'une double acceptation: celle de ma vulnérabilité et celle de mon impuissance face aux mystères de l'amour. Un sentiment de distanciation intérieure entre la puissance (je devrais dire l'impérialisme) de certains désirs, et le vécu d'une réalité au ras des pâquerettes, qui s'impose avec une force tranquille, inaltérable et sans faille. Ce fut ma sixième grande leçon de vie.

Sixième leçon de vie : je n'ai aucun pouvoir sur mes désirs et mes senti-ments et cependant j'en suis le seul responsable. Je suis responsable de ce que j'éprouve et de ce que je fais avec ce que je ressens.

Cela m'a donné, avec le temps, une liberté d'être qui m'a beaucoup aidé à affronter quelques péripéties relationnelles blessantes : trahisons, retournements de situations que je croyais fiables, accusations d'autant plus violentes qu'elles étaient en parfaite contradiction avec ce que j'avais défendu tout au long de mon existence.

Le texte suivant illustre quelques-unes de mes réflexions.

Il ne suffit pas d'aimer

Il ne suffit pas de lui dire « je t'aime »
si je ne peux accueillir la totalité
de cet amour en moi.
Il ne suffit pas d'accepter d'être aimé,
si je ne peux accorder ma relation
avec le don que m'offre son amour.
Il ne suffit pas de lui dire mes désirs,
encore faut-il que j'accepte
aussi de ne pas les lui imposer.
Il ne suffit pas qu'elle me dise les siens
si je ne sais pas les recevoir
ou les amplifier.
Il ne suffit pas de lui laisser croire
que je veux une relation
quand je ne souhaite qu'une rencontre.
Il ne suffit pas que je réponde à ses attentes
si je ne sais pas définir les miennes.
Il ne suffit pas de lui laisser croire
qu'elle peut m'aimer,
si j'ai peur de l'amour
ou si je crains de devenir dépendant.
Il ne suffit pas de me laisser aimer
si je redoute mes propres sentiments.
Il ne suffit pas d'être passionné
si je confonds ses besoins avec les miens.
Il ne suffit pas de me montrer avec elle
si je ne la vois pas
quand nous sommes ensemble.
Il ne suffit pas de lui promettre un demain
si je suis incapable de vivre au présent.
Il ne suffit pas de lui dire « je veux vivre avec toi »

si je ne suis pas délié d'engagements plus anciens.
Il ne suffit pas de lui dire « tu peux compter sur moi »
si je suis encore dans la dépendance.
Il ne suffit pas de lui être fidèle
si je ne me sens pas fidèle à moi-même.
Mais il suffit parfois de prendre le risque
de dire tout cela, et plus encore,
pour commencer à construire ensemble,
au-delà de la rencontre, une relation vivante.

7. L'expérience du relatif et de l'humilité

Une des valeurs que m'a transmise ma mère est « qu'il ne faut pas trop s'en faire accroire ! ». Ce qui veut dire qu'il n'est pas souhaitable de se hausser du cou, de trop se faire valoir, bref, qu'il est vain de tenter de péter plus haut que son derrière ! J'ai oublié durant quelques années cette recommandation vitale et saine ! Mais l'expérience de la célébrité (relative) et de la popularité (à l'échelle de mes écrits et de mes conférences) m'a appris combien nous sommes vulnérables aux jalousies, aux agressions gratuites, aux disqualifications et, surtout, aux innombrables rumeurs qui peuvent circuler dans le monde à la fois restreint et ouvert de la littérature et celui, plus fermé, de la psychologie humaniste.

Sur la surface de projection que représente un personnage public vont se jeter à la fois des manifestations d'amour et d'enthousiasme totalement injustes et injustifiées, ou disproportionnées, et des rejets, des sentiments négatifs et des jugements de valeur dévastateurs.

La septième leçon de vie que j'ai apprise ainsi aux cours des années est celle-ci : je ne suis pas responsable de l'imaginaire de ceux qui pensent me connaître. Et encore moins des emprunts et des propos que l'on me prête. Je me sens responsable de ce que j'ai écrit, pas de la lecture qu'on en fait, car je sais qu'un livre a toujours deux auteurs : celui qui l'écrit, celui qui le lit.

J'ai écrit, autour de mes soixante ans, le petit texte suivant, pour témoigner, avec un peu d'humour, de quelques-unes de mes mésaventures.

Il est impossible d'avoir une bonne réputation

Ô dieux du silence, Ô déesses de la compassion,
Ô anges du respect.
À vous qui déposez sans conditions sur tous les impatients de la vie
un regard d'amour et de lucidité.
À vous qui savez combien il est impossible
d'avoir une bonne réputation,
je ne vous invoque ni pour me plaindre,
ni pour demander votre aide,
seulement pour le plaisir de témoigner
et de garder ainsi un peu de respect pour moi.

Si j'entre dans le tourbillon des inquiétudes au quotidien
et manifeste quelques soucis, on affirmera aussitôt:
« Quel amateur, quel bricoleur, quel touche-à-tout! »

Si, au contraire, je m'abandonne à la quiétude de ne rien faire,
on n'hésitera pas à dire: « Quel fumiste qui veut jouir
de la vie sans effort! »

Si je pratique quelques exercices de méditation,
quelques prières au soleil, quelques remerciements au jour
qui se lève, on s'écriera: « C'est par ostentation! »

Si je m'en dispense, on dira: « C'est parce qu'il éprouve
un sentiment de supériorité insupportable! »

Si je cherche la compagnie des sages,
il s'en trouvera certains pour affirmer:
« Quel débutant, quel suiveur! »

Si je les évite, le jugement tombera sans appel:
« Il est trop bête pour comprendre l'essentiel
et les bienfaits de leur enseignement! »

Si je parais pauvre, il leur sera facile de murmurer:
« Ce n'est que justice!
Pour une fois que la justice est juste! »

Si je parais riche, on hurlera : « C'est pour étaler sa réussite ! »
et on ajoutera, avec jubilation : « Combien le succès est suspect ! »

Si je parle souvent, on ironisera : « Quel insupportable bavard ! »

Si je me tais, on dira : « Quel égocentrique, qui nous méprise
avec son manque d'intérêt ! »

Si j'ai peu d'amis, ce sera à cause de mon mauvais caractère !

Si j'en ai beaucoup, on dira : « Il n'est pas fiable, je le savais,
je l'ai toujours su ! »

Si je me marie, il y aura des gorges chaudes : « Il est perdu.
Comme il est incapable d'être heureux, cela ne durera pas.
Ah, elle est bien à plaindre ! »

Si je ne me marie pas, on en conclura : « Il est incapable
de se faire aimer et de s'engager ; c'est un coureur né,
d'ailleurs cela se voit dans sa façon de vous regarder ! »

Si je n'ai pas d'enfant, on me regardera comme un impuissant
doublé d'un égoïste.

Si j'ai une tribu, on dira : « Il a mis au monde
quelques malheureux de plus ! »

Si j'aime la présence des femmes, on décrétera
que je suis un redoutable séducteur,
doué d'une mauvaise foi incommensurable.

Si je me tiens à distance, on imaginera que je suis trop sûr de moi
et « tellement suffisant que c'en est inacceptable ! ».

Si je les prends dans mes bras pour manifester ma tendresse,
mon émotion ou mon enthousiasme, on me jettera à la figure
« que ma libido n'a aucune limite, que je ne pense qu'à ça ! ».

Si je préfère la compagnie des hommes, on me regardera
comme anormal.

Si j'écris, on me conseillera de m'abstenir,
« car tu ne sais pas aligner trois phrases correctes ! ».

Si je n'écris pas, on triomphera. Puis on affirmera
« que ma créativité est chancelante et que d'ailleurs
c'était prévisible avec tout ce que j'ai écrit d'inutile jusqu'ici ! ».

Si l'un de mes ouvrages est très demandé,
« c'est parce que les gens lisent n'importe quoi ! ».

S'il est oublié, « c'est normal puisqu'il écrit toujours
la même chose sans jamais se renouveler ».

J'ai été confirmé dans cette vision des choses par Ito Naga qui, comme tout Japonais, possède l'art exquis de la concision. Il écrivait, dans *Je sais* (Cheyne Éditeur, 2006) : « Je sais que si j'écris un texte court, il dira que c'est léger, si j'écris un texte long, que je raconte ma vie, si je réagis, que je manque de sang-froid, si je ne réagis pas, que je manque de combativité. »

Alors, je suis devenu patient avec moi-même. J'essaie (sans toujours y parvenir totalement) de ne pas me sentir blessé par tous ces bruits qui courent sur ma personne. Je n'ai d'autres ressources que de me montrer tel que je suis, de témoigner de mes valeurs et de mes enthousiasmes, de mes doutes et de mes limites, et cela seulement auprès de ceux avec qui je suis en contact direct. Quant à ceux qui parlent sans me connaître réellement, je n'y puis rien, je suis impuissant, je lâche prise.

Il m'arrive aussi de hausser mon regard au-dessus de l'horizon des rumeurs et de rêver du jour où l'on vivra, au quotidien, une éthique simple, un engagement personnel de chacun à parler de soi et de rien d'autre. Ne plus faire de discours sur les autres, accepter d'entendre enfin le chant des silences et des tempêtes qui traversent notre vie. Nous réconcilier avec le meilleur de nous-mêmes.

8. L'expérience de l'irrationnel

Un jour d'été, l'année de mes soixante-neuf ans, un ami m'a proposé de participer à une marche sur le feu. Je ne tire aucune fierté ni aucune gloire particulière d'avoir accepté sans hésiter de participer à cette aventure singulière. Je n'ai pas eu le sentiment d'être devenu soudainement un autre homme, un homme doué de pouvoirs exceptionnels et de qualités physiques nouvelles. Mais j'aimerais témoigner de cette expérience, que je considère comme étonnante, même si dans son déroulement elle fut conduite avec beaucoup de simplicité. Un maître du feu était là, prêt à nous guider (en fait, c'était une maîtresse du feu accompagnée de deux assistantes). J'ai vécu l'expérience avec beaucoup d'émotion contenue, partageant les tendresses et les rires du groupe qui participait à la fête.

Quelques années auparavant, lors d'une fête religieuse, j'avais déjà assisté, à l'île de la Réunion, à une marche sur le feu. L'événement était très ritualisé. Des femmes, des enfants et des hommes s'élançaient sur le feu, dans les chants, le battement des tambours et les encouragements musclés d'un prêtre hindouiste.

Je m'étais dit, à cette époque, qu'une *marche sur le feu* devait être longuement préparée, psychologiquement et spirituellement. Que l'on devait se mettre en condition à l'aide d'exercices, de méditations intenses. Et accepter de vivre une initiation profonde de plusieurs jours, préparation chargée de messages ésotériques, de recommandations spirituelles, le tout avec une foi et une confiance solidement ancrée dans le prêtre, le shaman ou le gourou qui devait, dans mon esprit, nécessairement présider à la cérémonie. Aussi, quand m'a été faite, un mardi matin, la proposition d'être présent le vendredi suivant, à 18 h, pour m'intégrer à la marche sur le feu qui aurait lieu à 21 h, j'ai été quelque peu interloqué, pour ne pas dire dubitatif et curieux de savoir si j'allais pouvoir le « faire ». Je ne savais pas encore qu'il ne s'agissait pas de faire, mais d'être, d'être soi, d'être présent à soi-même.

Le rituel fut simple, bon enfant. Chacun, avec une torche de papier, alluma une partie de l'immense bûcher qui se dressait au milieu d'un champ, puis y déposa quelques copeaux de cèdre odorant. Il fut ensuite invité à formuler, devant tous les participants, mais avec un seul mot, l'enjeu de sa démarche.

Lisa, la jeune femme d'origine italienne qui conduisait l'expérience, annonça que c'était une démarche libre, non pas volontariste, mais ouverte, et qu'il appartenait à chacun de prendre la décision de la vivre ou de rester en périphérie. Elle raconta un petit conte sur le pouvoir de l'imaginaire, dont la dimension métaphorique ouvrit en moi une sorte de soulagement, de paix. Puis elle proposa un schéma de caractère plus rationnel, un graphique griffonné sur une feuille de papier, qui rééquilibra certainement mon besoin de comprendre et peut-être même de garder une certaine maîtrise intellectuelle, rationnelle. Besoin qui n'est jamais très loin lorsque je dois faire face à l'imprévisible tout en conservant quand même (du moins j'imagine en avoir besoin) un minimum de contrôle. Mais ce qui suscita une véritable libération dans mon esprit, et aussi certainement dans mon corps, fut cette proposition de placer une flèche à pointe métallique au creux de ma gorge, dans le petit creux (comme prévu à cet effet!) que nous avons, nous les hommes, sous la pomme d'Adam (et au même endroit chez les femmes), entre les deux clavicules. « Sans bout de caoutchouc? » a demandé un participant. « Non, mettez-la comme cela, c'est tout. » On se plaçait alors en face d'une assistante ou d'un membre du groupe qui tenait une planche sur laquelle s'appuyait l'autre bout empenné de la flèche. Bien ancré au sol, rassemblant nos énergies (un cri: « puma », poussé par le groupe, était censé nous mobiliser et nous encourager), nous devions ensuite appuyer très fort et... casser la flèche sans (ou avant!) qu'elle ne pénètre dans notre gorge! Ce que je fis avec une facilité étonnante, mais, surtout, sans avoir imaginé un seul instant que le bout métallique de la flèche pouvait me transpercer l'œsophage!

Après quelques recommandations pratiques, et pour nous rappeler que le feu brûle, on nous recommanda de ne pas courir, mais de marcher normalement. Après une démonstration sur l'herbe verte, que je fis avec ma patte folle, déjà étonné de découvrir que je marchais sans hésitation, et même un peu mieux qu'à l'habitude, chacun fut invité à écouter ce qu'il éprouvait (pour moi, la peur de ne pas oser), à donner un sens à sa démarche (arriver *entier* de l'autre côté) et à respecter sa décision de faire ou de ne pas faire (surtout faire, ne pas reculer!).

Le bûcher, impressionnant, brûlait depuis trois heures (par autorisation spéciale de la mairie: faire un feu en Provence en plein mois d'août! et présence exceptionnelle des pompiers curieux d'assister à l'expérience). Mais le bûcher s'était affaissé et les braises rougeoyantes s'étalaient en désordre sur plusieurs mètres carrés. Elles furent égalisées pour former un tapis de six à sept mètres de long sur trois à quatre mètres de large. La piste d'envol pour la marche sur le feu était prête! Nous formions une ronde indistincte tout autour, silencieux, confrontés à nous-mêmes.

Je fus, je ne sais comment, un des premiers à m'élancer. Ce que je sais, c'est que j'ai perçu soudain, à l'intérieur de moi, comme une évidence, là au bord du brasier: la certitude que c'était possible. Une évidence absolue, fondée sur mon seul ressenti. C'est ainsi que j'ai marché sur un tapis de braises, sur plusieurs mètres. Sous les pieds, je n'ai rien senti, pas le moindre picotement, pas la moindre chaleur. À l'intérieur, je n'ai pas éprouvé l'euphorie que j'avais anticipée, seulement un très grand calme, quelque chose de l'ordre de l'immobile, qui s'installait. La paix. Une évidence absolue.

J'ai souhaité recommencer deux fois, pour me prouver que cela n'avait pas été le fait du hasard, d'une anesthésie passagère, ou d'un oubli de mes sens.

Que reste-t-il de cette aventure? Rien de transmissible, rien qui puisse expliquer, traduire, démontrer ce qui s'est passé. Personne d'autre que moi-même ne m'avait donné l'autorisation de faire cela. Personne d'autre que moi n'avait éprouvé cette certitude soudaine que ces braises rougeoyantes ne seraient pas agressives. Devant le brasier, je n'ai pas pensé un seul instant qu'il pouvait me brûler. Je suis seulement passé de l'autre côté; j'ai franchi un passage. C'est la *même* personne qui s'est avancée, a marché sur un lit de braises, et est arrivée quelques mètres plus loin, au bord de l'herbe douce et humide d'une nuit du mois d'août 2004. De l'autre côté de quoi? Je ne le sais pas encore.

Non, je ne suis pas allé de l'autre côté de quelque chose d'inconnu. Je suis allé vers un peu plus de moi-même, plus loin que mes possibles habituels. J'ai pu vérifier la justesse de ce que disait ma grand-mère: « Le possible est un petit pas après l'impossible. » Et j'ai reçu confirmation de ce que j'avais anticipé souvent, mais en me contentant de le rêver comme une possibilité lointaine: nous avons plus de pouvoirs et de ressources que nous n'en utilisons au quotidien; nos sens sont plus mystérieux et joueurs que nous ne pouvons l'imaginer; nous pouvons avoir accès à d'autres dimensions de nous-mêmes.

Ce qui reste peut-être le plus évident, dans cette expérience: je suis devenu le héros d'une expérience accessible à tous, faisable par chacun.

J'en ai tiré une nouvelle leçon de vie, qui s'est ajoutée aux précédentes.

Huitième leçon de vie : je peux tirer de l'énergie de n'importe quel événement ou sensation en moi. Beaucoup de choses sont dans ma tête, mais il en reste beaucoup d'autres, beaucoup de découvertes que ma tête peut encore accueillir, en élaguant quelques croyances dépassées.

Cela m'a rendu plus humble. Je suis sur ce chemin.

Sur un chemin qui n'a cessé, depuis, de se prolonger, de se diversifier, de croiser d'autres chemins, d'autres expériences de vie atypiques, porteuses d'élans, de passions, d'étonnements et de paix.

Nous croyons savoir tant de choses...

Nous savons aller vers les étoiles,
mais nous ne savons pas respecter le ciel
et encore moins l'immensité du cosmos.
Nous savons parler d'amour,
mais nous avons tant de difficultés à aimer
dans le respect de l'autre et de soi.
Nous savons fabriquer du pain
mais nous avons du mal à le partager.
Nous savons faire des enfants
mais nous peinons à les élever.
Nous savons créer des œuvres d'art
mais nous avons tendance à saccager la beauté.
Nous savons prévoir le temps
mais nous violentons la nature.
Nous savons nous émouvoir de la misère du monde
mais nous gaspillons le meilleur de nos ressources
en productions inutiles et en objets dérisoires.
Nous savons soigner avec une redoutable efficacité
mais dans beaucoup de cas nous ne savons pas encore guérir.
Nous savons déclencher des guerres et les entretenir longtemps,
mais nous avons tant de mal à oser vivre en paix !
Nous savons greffer des cœurs et des mains,
mais nous manquons de confiance dans la relation
avec notre propre corps.
Nous savons modifier des plantes, cloner des animaux
mais nous détruisons des milliers d'espèces chaque année.
Nous savons nous déplacer de plus en plus vite,
de plus en plus loin,
mais nous mettons tellement d'obstacles qui nous empêchent
de communiquer avec ceux qui nous sont proches.

Nous savons que nous savons beaucoup, beaucoup de choses, mais nous ne savons pas encore que nous ne savons pas l'essentiel, à savoir le respect de la vie sous toutes ses formes.

Ainsi, j'ai avancé, entre errances et espérances, entre solitude et rencontres, entre découvertes émerveillées et déceptions douloureuses, pour construire au quotidien, au jour le jour, ma propre existence, pour tenter de la rendre moins dépendante, plus libre, plus congruente. Avec au fond de moi un regret tenace, celui de n'avoir pas toujours eu les mots pour me dire et me faire entendre.

Si j'avais eu les mots

Si j'avais eu les mots pour me faire entendre
du haut de mes six ans, je vous aurais dit, à vous mes parents :
« Ne parlez pas trop de moi,
ne me dictez pas ce que je dois sentir ou éprouver,
ni comment penser ou faire,
laissez-moi un espace où je puisse enfin me rencontrer. »
Si j'avais eu les mots les plus nécessaires,
du haut de mes dix ans, pour exprimer
les choses importantes de ma vie d'enfant blessé,
je vous aurais dit, à vous mes enseignants :
« Reconnaissez plus souvent en moi
ce que j'ai fait, plutôt que ce que je n'ai pas fait. »
Si j'avais eu les mots les plus vitaux,
du haut de mes quinze ans, pour traduire le chaos
de mes interrogations, de mes doutes et de mes peurs,
je vous aurais dit à vous, à vous qui m'étiez proches :
« N'ayez pas peur de mes errances, ne soyez pas effrayés
par mes réactions, osez vous affirmer devant mes incohérences
et confirmez-moi votre solidité et votre présence. »
Si j'avais eu les mots les plus indispensables
pour mieux gérer ma vie du haut de mes vingt ans,
je vous aurais dit à vous tous, à ceux du monde entier :
« Ne raillez pas mes utopies, ne riez pas de mes enthousiasmes,
ne blessez pas mon avenir, ne tuez pas la vie,
aidez-moi à protéger encore un peu la planète
sur laquelle je vais tenter de vivre. »
Si j'avais eu les mots les plus justes,
du haut de mes trente-cinq ans, pour mieux vous aider
à apprivoiser le monde qui vous entoure
je vous aurais dit, à vous mes enfants :
« Osez votre vie, vous seuls allez la vivre,

n'hésitez pas à me restituer les messages négatifs
que j'ai pu déposer sur vous,
confrontez-vous sans peur à mes erreurs. »
Si j'avais aujourd'hui les mots qui me paraissent
les plus porteurs de rêve et d'espoir,
je vous dirais, du haut de mes soixante-dix ans,
« que la vie est belle et qu'elle mérite d'être aimée,
que je ne savais pas qu'elle était si courte,
si vivante, même si elle avance plus vite ces derniers temps,
de la première minute de l'aube
jusqu'à la dernière seconde de chaque jour ».
Si je trouvais, un jour, du haut de mes quatre-vingt-dix ans à venir,
les mots magiques pour arrêter le temps et savourer l'instant,
je pourrais enfin prendre du bon temps.

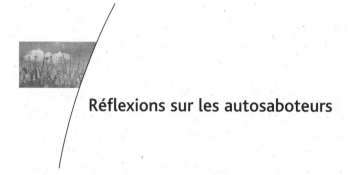

Réflexions sur les autosaboteurs

Au début de ma vie d'adulte, malgré quelques prises de conscience, accompagnées d'un travail sur moi (je suis devenu durant quelques années un marathonien des groupes de thérapie), j'ai persisté dans quelques croyances et errances auxquelles je restais très attaché malgré moi, mais avec beaucoup d'application. Ainsi, je voulais me comprendre et apprendre à maîtriser, à contrôler cette part d'imprévisible qui surgissait sans prévenir dans ma vie et pouvait bouleverser non seulement mes projets et mes prévisions, mais aussi mes décisions les plus fermes ou les plus ferventes. Il m'a fallu plusieurs années pour prendre conscience que je pouvais garder en moi, présents et actifs, un certain nombre de pensées et de comportements parasitaires, voire destructeurs, qui m'accompagnaient fidèlement dans la plupart des événements de ma vie ; envers lesquels je semblais être, curieusement, très complaisant. Des conduites et des comportements qui, paradoxalement, ne me convenaient pas, mais auxquels je tenais, ou qui s'accrochaient à moi, avec ma complicité.

Ces pensées et ces comportements semblaient fonctionner de façon autonome, indépendamment de ma volonté. Ils semblaient même doués d'une persévérance et d'une ténacité exceptionnelles. Il s'agissait, je l'ai compris au mitan de ma vie, de conduites d'autosabotage résultant de l'agitation incontrôlée de ce que j'ai appelé plus tard mes «faux amis», ou «mes ennemis intérieurs préférés». C'étaient eux qui polluaient mon existence, qui m'entraînaient dans des directions et des décisions ne correspondant pas du tout à mes désirs ou à mes choix de vie.

Ces conduites, ces comportements, ces pensées importunes surgissaient dans les moments les plus imprévisibles ; ils s'accrochaient, semblaient indélogeables, alors que j'aurais voulu m'en débarrasser, les éloigner de moi, les rejeter et les répudier.

Cela commençait par des idées qui surgissaient au plus mauvais moment, assombrissant ma lucidité, dévoyant ma volonté, agissant de façon totalement indépendante tout en me laissant croire que c'était vraiment mon choix.

La lutte fut longue et difficile. Dénouer l'enchevêtrement de mes pensées, clarifier le déroulement d'un processus qui se mettait en place avec autant d'évidence et de puissance, sans que je puisse contrôler quoi que ce soit, fut un travail ardu. Ces autosaboteurs, comme j'ai pris la décision de les appeler pour mieux les reconnaître, s'imposaient, prenaient possession de mon esprit, travestissaient mes décisions, s'immisçaient dans mes paroles et mes actes, envahissaient mon présent.

Prendre conscience de la manière dont ces autosaboteurs s'installaient, ouvraient et poursuivaient en moi leur travail de sape, les reconnaître et les nommer, cela demanda quelques années de recherche et de tâtonnements. Accepter de renoncer à les entretenir exigea encore plus d'efforts.

Je voudrais décrire quelques péripéties de cette aventure.

Mais avant tout, faisons un peu d'étymologie. Voyons tout ce qui entoure et prolonge le mot « autosaboteur ».

« Autosaboteur » est un nom masculin formé à partir du suffixe réflexif *auto* et du dérivé de « sabot », « saboteur ».

Je l'écris en un seul mot, comme tous les composés construits à partir d'*auto* dont le deuxième terme commence par une consonne (autocondamnation, autosatisfaction, autosuffisance, autoprotection, autosuggestion, etc.). Quand le deuxième terme commence par une voyelle, le nom s'écrit alors avec un trait d'union (auto-accusation, auto-estime, auto-infection, auto-immune, etc.).

Ne cherchez pas le mot « autosaboteur » dans le dictionnaire. Il n'y figure pas. Il parle de lui-même. Mais que dit-il au juste au-delà de l'explicite et de l'intuition que nous en avons ? Qu'est-ce que ce *sabot* sur lequel il prend racine ?

Commençons par le préfixe **auto**. En français contemporain c'est, à la fois :

- l'adjectif grec *autos*, qui signifie « le même », « lui-même » et « de lui-même » (il indique un mouvement de retour sur soi, celui de la réflexivité) ;
- le composé *automobile*, qui, à l'origine, était un adjectif (dont le sens était voisin d'*automatique*) et qui veut dire « qui se meut soi-même ».

Fonctionnellement, les productions d'*auto* sont des substantifs, parfois des adjectifs ; des verbes, surtout pronominaux, comme *s'autodéterminer, s'autodétruire*.

Saboter : le dérivé de *sabot*, saboter, avait, en ancien français (méridional) le sens de « heurter, secouer, ébranler », d'où provient le sens courant de « gâcher le travail ». Peut-être tout cela rejoint-il le sens ancien de sabot (*çabot, chabot*, au début du XIXe siècle, en normano-picard), qui désigne une « toupie » puis une « chaussure » (à partir de *bot*, un adjectif qui veut dire « émoussé, contrefait » et un nom signifiant aussi bien un objet mal dégrossi qu'un crapaud).

Les deux séries, *sabot* et *çabot*, se seraient croisées à partir d'une métaphore sur le nom de « crapaud », appliqué à des objets de facture grossière.

Sabot, au sens de « grosse toupie que l'on fait tourner à l'aide d'un fouet », est souvent considéré comme venant d'une « chaussure faite d'une pièce de bois ».

La locution « comme un sabot » s'emploie à partir de la moitié du XIXe siècle et signifie « très mal », surtout lorsqu'on parle d'une manière de travailler, du jeu d'un musicien, d'un acteur (cet emploi vient à la fois de « saboter » et du sens péjoratif de « sabot », « mauvais instrument de musique », sens métaphorique qui véhicule l'idée d'une chose de qualité médiocre, ou d'un manque d'efficacité).

De l'acception de « heurter, secouer, ébranler » vient le sens de « maltraiter ».

Au début du XIXe siècle, « saboter » signifie usuellement : « faire quelque chose vite et mal ». Par extension : gâcher un travail. « Saboter » signifie (à la fin du XIXe siècle), « détériorer ou détruire (une machine, une installation) pour empêcher le fonctionnement d'une entreprise » ; d'où l'emploi particulier du mot dans le domaine militaire lorsque le sabotage va jusqu'à la destruction (XXe siècle), et son utilisation, au figuré, pour : « saboter un projet ».

Le dérivé **saboteur** a aujourd'hui le sens courant de « personne qui sabote (un travail) en le faisant mal, puis qui endommage ou détruit volontairement[1] ».

---

1. Toutes ces indications sont extraites du *Dictionnaire historique de la langue française* d'Alain Rey et m'ont été aimablement communiquées par Maryse Legrand.

En employant le mot « autosaboteur », je fais un pas de plus dans le sens figuré du terme et je vais voir ce qui se passe sur la scène de la vie intérieure, dans le domaine plus psychologique des complexités humaines et de leurs paradoxes inconscients. Je m'intéresse aux diverses stratégies que nous utilisons pour nous maltraiter, pour nous « gaspiller ».

Je m'aventure à explorer nos comportements, leurs ressorts et leurs enjeux intimes du côté des dégâts, des dommages, des préjudices et des (con)damnations que nous pouvons nous infliger à nous-mêmes. Je crois que nous ne sommes pas loin des attitudes sacrificielles, de l'autopunition et de l'autodestruction. Une feuille de papier à cigarette les sépare à peine. L'ombre de Thanatos plane.

Je m'en suis tenu à envisager les autosaboteurs les plus courants, qui forment la toile de fond d'une psychopathologie de la vie relationnelle au quotidien. J'ai tendance à penser que, pour ceux-là, la lecture d'un livre et les réflexions qui peuvent en découler sont susceptibles d'être une aide, ne serait-ce que pour amorcer un changement personnel ou pour prendre conscience de la nécessité d'appeler à l'aide. Car il faut savoir que nous ne percevons pas nous-mêmes certains autosaboteurs. Nous les faisons subir et sentir aux autres dans l'espoir qu'ils puissent être des miroirs réfléchissants qui nous permettront de mieux nous sentir, nous voir et nous entendre nous-mêmes.

Puisse ce livre contribuer à nous aider à être les uns pour les autres des miroirs dégrossissants de nos façons d'agir, de nous comporter, et de penser comme des « sabots » !

Prendre conscience des agissements de nos autosaboteurs préférés

J'appelle «autosaboteur» l'ensemble de ces conduites et comportements que nous mettons en œuvre, avec parfois beaucoup de ténacité, et qui, paradoxalement, nous empêchent de réaliser ce que nous voulons et souhaitons, et finissent par se retourner contre nous. Ces conduites et comportements sont plus ou moins conscients, plus ou moins contraignants, plus ou moins répétitifs. Ils constituent une entrave à notre liberté d'être (capacité à aimer, capacité à être un bon compagnon pour soi, capacité à pouvoir proposer des relations en réciprocité). Ils sont des obstacles dans notre quête de paix intérieure et de bien-être.

Nous devons savoir que la recherche de la santé psychique et relationnelle n'est pas facile, ce qui veut dire que tout autosaboteur joue un rôle important dans la «mécanique intime» de notre équilibre.

Prendre conscience des agissements de mes saboteurs, mais aussi de la façon dont ils surgissaient et prenaient d'une certaine façon la direction de ma vie, n'a pas été simple. D'autant plus que, tels des personnages vivants, ils faisaient preuve d'une grande habileté, étaient capables d'avancer des argumentations étayées, de développer une logique à toute épreuve pour justifier leur présence dans ma réflexion ou la décision que je devais prendre, dans l'attitude qu'il aurait été souhaitable que j'adopte, dans la réponse que je m'interdisais de donner à l'autre, dans le positionnement énoncé avec fermeté qu'il me fallait ensuite dénoncer, reprendre. Il m'était parfois très difficile, lorsque je tentais d'être plus en accord avec moi-même ou de faire preuve de plus de cohérence dans mes moments de plus grande lucidité, de me redéfinir et de me positionner autrement ou différemment afin de sortir de la piste proposée par mes autosaboteurs.

Tout cela peut.donner à penser que j'étais prisonnier de conduites paranoïdes, à partir desquelles j'imaginais que l'ennemi (semblable à un parasite mental) avait réussi à s'infiltrer dans mes pensées pour me déposséder de mon libre arbitre !

Mais au-delà de ma seule expérience, j'ai pu observer autour de moi, chez les autres, des comportements et des conduites semblables. J'ai pu recueillir des témoignages et constater (à mon grand soulagement) l'universalité du phénomène, et (à mon grand accablement) j'ai eu la confirmation qu'il était difficile de s'en libérer !

« Pour mon divorce, je voulais avoir recours à une avocate », m'a expliqué un homme coincé dans le labyrinthe juridique d'une séparation conjugale qui aurait dû être terminée depuis longtemps. « Mais, dans la liste qui m'a été proposée, j'ai choisi le seul homme qui y figurait ! Dès ses premières interventions, il a réussi à irriter le juge de la famille et à le braquer contre moi. Je continue à me demander ce qui a guidé ma décision de prendre un homme comme avocat, alors que cela ne correspondait ni à mon intention ni à mon choix de départ, puisque je voulais avoir une femme pour me défendre ! »

« Après ma réussite à un concours administratif de haut niveau, j'avais envisagé de rester dans la région où j'habitais, ou tout au moins en France. Au moment de remplir la feuille des choix possibles, j'ai coché les Affaires étrangères et je me suis retrouvé au Laos ! Ma fiancée n'a jamais voulu me suivre et nous nous sommes séparés », m'a dit un autre.

Et une femme me raconte : « Je savais que j'étais sujette au vertige, mais quand mon fiancé m'a proposé de l'accompagner dans un stage de haute montagne, j'ai accepté, pensant que cette expérience nous rapprocherait. Ce fut l'horreur. Je crois que c'est à ce moment-là que je l'ai perdu. Mais cela, je ne l'ai entendu en moi que huit ans après notre mariage, au moment du divorce. »

L'autosabotage le plus banal, sinon le plus fréquent, commence souvent quand on s'attribue ou que l'on prend sur soi la responsabilité d'un acte qui ne nous appartient pas.

« Mon fils voulait devenir pilote de chasse, me dit cette mère, et cela me remplissait de fierté. Mais quand j'ai reçu la lettre qui confirmait son admission à l'École de l'Air de Salon de Provence, j'ai eu beaucoup de mal à la lui remettre, comme si mon geste allait faire mal à mon enfant. Spontanément, j'ai jeté la lettre à la poubelle, comme si elle était nocive pour lui. C'était un adulte de vingt-trois ans et j'ai tout fait pour lui cacher sa réussite, pour lui laisser croire qu'il n'était pas admis et qu'il devait choisir une autre orientation! J'ai mis trois jours à sortir la lettre de la poubelle. Aujourd'hui encore, il m'arrive de penser que, si mon fils avait un accident, je ne me le pardonnerais pas. Je crois encore que j'aurais dû laisser la lettre dans la poubelle. Comme s'il était devenu pilote à cause de moi et non à partir de son propre choix!»

Cette autre femme se sent coupable d'avoir porté plainte pour coups et blessures graves à l'encontre de son mari, qui a été ainsi condamné à un an de prison.

«Je n'aurais pas dû aller au commissariat. Peut-être que si j'avais été plus patiente, il m'aurait frappée moins souvent. C'est quand même le père de mes enfants que j'ai envoyé en prison.»

Le mari, qui a certainement perçu cette autoculpabilisation, envoie à ses enfants des lettres chargées de reproches, où il «accuse» leur mère d'être responsable de son internement et de ses malheurs!

Cette femme n'arrive pas à se différencier de celui qui la frappait. Elle ne parvient pas à nommer clairement les faits à ses enfants. Elle n'arrive pas à énoncer ce qui s'est passé, à la fois pour elle et pour son conjoint. Elle pourrait pourtant se différencier de lui et leur présenter ainsi la situation: «Mon mari, qui est aussi votre père, est en prison parce qu'il a transgressé la loi. Cette loi interdit à un homme de frapper sa femme, ou de porter un préjudice physique ou moral à quiconque. Votre père a été condamné par des juges qui ont estimé, au nom des pouvoirs qui leur sont conférés et en référence au code pénal, que les actes qu'il a commis étaient très graves. Ce sont les actes que j'ai dénoncés, pas votre père (ou mon mari), et c'est pour avoir commis ces actes qu'il a été jugé et sanctionné. C'est pour avoir porté des coups sur moi que votre père est en prison. C'est après avoir reçu ces coups que j'ai été blessée (nez cassé, omoplate démise et rate éclatée), ce qui m'a valu cinq semaines d'hospitalisation, au cours desquelles j'ai gardé la peur au ventre que cela recommence, et l'espoir fou qu'il comprendrait la gravité de ses actes et qu'il ne recommencerait plus!»

Incapable de se définir en tant que personne face à son mari, faisant un amalgame entre les faits et la personne, entre réalité et ressenti, cette femme risque de continuer à se faire souffrir en se culpabilisant «pour le mal que j'ai fait à mon mari» et de supporter encore, pendant plusieurs années après sa sortie de prison, les avanies et les violences qu'il continuera à faire peser sur elle.

Pour cette femme, ce travail de différenciation, souvent difficile à faire, car il touche à des ancrages archaïques et au besoin de fusion (que l'autre soit comme nous, ressente les mêmes choses, éprouve les mêmes sentiments, apprécie les mêmes activités ou encore nous ressemble), exige une plongée dans son histoire, qui l'aidera à découvrir à quel moment l'insécurité a été si forte qu'une négation d'elle-même est devenue nécessaire, comme une protection ultime pour se faire oublier, échapper à une menace trop terrifiante, pour continuer à croire que l'autre (vécu comme dangereux) l'oubliera, comprendra, changera, et même acceptera de la protéger.

Un père me disait : « Mon fils m'a téléphoné la veille de son suicide pour me dire qu'il allait bien, qu'il envisageait de se présenter à un concours administratif, et peut-être de changer d'appartement. Et je n'ai rien entendu ! Je n'ai rien senti de ce qu'il allait faire le lendemain. J'ai été aveugle et sourd, j'aurais dû sentir ou même savoir qu'il envisageait de mettre fin à ses jours. Je me sens coupable de n'avoir pas su l'écouter mieux. »

Comment dire à ce père que c'est bien son fils, pour des raisons et des enjeux qui lui appartenaient, qui a décidé de mettre fin à ses jours ? Comment lui faire comprendre qu'il ne doit pas déposséder son fils de la décision qu'il a prise, en endossant, à tort, cette responsabilité ?

Ce père est inévitablement porté à s'attribuer la responsabilité des actes de son enfant. Cette démarche est une protection contre le sentiment d'impuissance qu'il peut ressentir face à l'inéluctable qui s'impose à lui. Ce faisant, il dépossède son fils de la décision qu'il a prise de mettre un terme à sa vie. En fait, il ne s'occupe pas de la blessure ouverte en lui par la mort de son enfant, il amplifie au contraire son désarroi, nourrit sa culpabilité en imaginant tout ce qu'il n'a pas fait et aurait dû faire en amont. Il ne se donne pas le temps de prendre soin, de s'occuper de son présent !

Il devra, un jour, apprendre à renoncer à cette autoculpabilisation (très énergétivore) pour pouvoir enfin contacter cette blessure en lui et pour la panser (penser), peut-être par une démarche symbolique. Il se réconciliera ainsi avec lui-même, prendra soin de sa vie et laissera à celui qui a choisi de mettre fin à ses jours sa propre responsabilité.

Cette femme vit depuis un an une relation intime qui se dégrade à chaque rencontre.

« Au début, c'était un ange de douceur, il avait des attentions qui me faisaient fondre. Mes amies ne tarissaient pas d'éloges sur lui. Pendant plusieurs semaines, je me suis surprise à imaginer que je pourrais être amoureuse de cet homme qui me disait qu'il m'aimait, que je pourrais enfin me laisser aller, faire confiance, et même envisager un projet au long parcours ! Et puis, à différentes reprises, son comportement m'a choquée : il ne tenait pas ses engagements, m'annonçait sa venue pour telle heure et arrivait deux ou trois heures plus tard ! À certains moments, il se fermait, je le sentais devenir froid, s'éloigner, et, soudain, il ramassait ses affaires et me quittait sans un mot. Quelques jours après, il me téléphonait, s'excusait, revenait et m'offrait, avec une prévenance exquise, toute sa gentillesse, me donnant le meilleur de lui-même. Je me disais, sachant qu'il avait eu une enfance malheureuse, qu'il y avait en lui des blessures grandes ouvertes. Je surveillais mes paroles, mes gestes, mes propositions, pour éviter de le blesser et, en même temps, je m'en voulais, car je perdais ma spontanéité, ma joie s'évaporait. Je n'étais plus moi-même. De toute façon, malgré tous mes efforts, cela recommençait. Il m'a reproché un jour de vouloir tout diriger, de trop lui demander, de ne pas lui permettre d'être comme il se sentait. Nos conflits devenaient plus fréquents, obéissant à un scénario écrit à l'avance : il se fermait, s'absentait, partait, puis il s'excusait, revenait, était doux et prévenant… jusqu'à la prochaine fermeture. Je commence à accepter que c'est avec moi, et non avec lui, que je suis en conflit. J'ai peur d'être seule, de le perdre, et en même temps je sais que ce n'est pas avec lui que je trouverai la quiétude d'une relation apaisée, d'un partage durable. Je ne peux m'empêcher cependant de croire que quelque chose est possible entre nous, qu'il me suffirait de relativiser, d'être plus compréhensive, de prendre sur moi. Et puis, je commence à découvrir la différence entre une relation et une rencontre. Quand la rencontre est belle, on voudrait tellement qu'elle se poursuive dans une relation magique où la compréhension mutuelle restera légère, spontanée ! Je vais encore essayer de prendre sur moi pour sauver ce qui est possible, mais au fond je n'y crois plus. »

Voilà le mot clé : *prendre sur soi*. Prendre sur soi de réparer la difficulté que l'on stimule (en l'ignorant) chez l'autre. C'est une spirale sans fin, et le plus souvent sans issue.

Si, à la manière d'Henri Michaux, et tout en donnant à cette expression un sens figuré, nous appelions nos autosaboteurs des « empêcheurs

de vivre », nous pourrions peut-être prendre un recul. Dans notre entourage, il y a parfois des importuns que nous endurons, des insupportables
que nous supportons, des infréquentables que nous fréquentons, bref des
casse-pieds. Il y a aussi, comme nous l'avons vu, ceux que nous hébergeons à demeure et que nous tolérons avec complaisance en notre for
intérieur (*for,* qui vient du latin *forum,* mais qui peut aussi bien être un
fort, pour ne pas dire une forteresse). Ceux-là ne sont pas des êtres en
chair et en os, mais des autres, en nous, que nous laissons faire et dire. Ce
sont des voix qui nous imposent leurs quatre volontés. Ces êtres-là, invisibles et immatériels, mènent la danse et nous entraînent, même là où
nous ne voulons pas aller. Ils jouent un rôle d'autant plus pernicieux que
nous ne sommes pas conscients de leur manège. Ce sont nos ennemis, ou
nos faux amis intérieurs, nos empêcheurs de vivre et d'être nous-mêmes.
Dans son livre *La vie dans les plis,* plus exactement dans le chapitre « La
séance du sac », Henri Michaux décrit un scénario imaginaire de son
enfance qui illustre mon propos à merveille. Cet exemple nous permet,
en quelques lignes, de saisir les ressorts paradoxaux qui sont en jeu dans
l'autosabotage. Nous y voyons comment nous pouvons être partie pre-
nante de ce genre d'entreprise de dévastation de nos propres ressources.
À contre-courant du vivant de la vie.

« *Cela commença quand j'étais enfant. Il y avait un grand adulte encom-
brant. Comment me venger de lui ? Je le mis dans un sac. Là, je pouvais le
battre à mon aise. Il criait, mais je ne l'écoutais pas. Il n'était pas intéressant.
Cette habitude de mon enfance, je l'ai sagement gardée. [...] Son inconvénient, car il y en a un, c'est que, grâce à elle, je supporte trop facilement des
gens insupportables. Je sais que je les attends au sac. Voilà qui donne une
merveilleuse patience.*

« *Je laisse exprès durer des situations ridicules et s'attarder mes empêcheurs de vivre. La joie que j'aurais à les mettre à la porte en réalité est
retenue au moment de l'action par les délices incomparablement plus grandes
de les tenir prochainement dans le sac. Dans le sac où je les roue de coups
impunément et avec une fougue à lasser dix hommes robustes se relayant
méthodiquement.* »

Dans ce court exemple en forme d'épure, nous saisissons très bien
comment un mécanisme de défense mis en place dans l'enfance se
structure au fil du temps et se transforme en habitude pernicieuse. Le

plaisir de décharge qu'il procure dans la séance de bastonnade imaginaire finit par être un plaisir en soi. Mais il se vrille et se retourne, et devient un « inconvénient » qui, au bout du compte, a pour effet de desservir son auteur en le maintenant dans une position infantilisante. Dans un prochain ouvrage sur les symbolisations, qui sera co-écrit avec la psychologue Maryse Legrand, nous tenterons d'aller plus loin et de montrer comment il est possible, par la pratique d'actes symboliques, de se réparer durablement.

Car Henri Michaux fait l'économie d'une confrontation dans la réalité. Il ne prend pas le risque du conflit interpersonnel que supposerait une mise à la porte des importuns. Il en paie le prix par une tendance à laisser se prolonger des situations ridicules (où il s'expose ainsi au ridicule ?).

Quelle est la blessure d'humiliation non pensée/pansée qui reste vivace en lui ?

Sur le modèle de cette illustration, il nous appartient, à notre tour, de repérer la dynamique de nos empêcheurs de vivre habituels. Ou encore, de nous éclairer sur leurs enjeux.

Un autosaboteur est semblable à un ami qui s'invite, qui paraît bien intentionné au départ, mais qui, très rapidement, se comporte comme un intrus, se transformant en véritable terroriste qui va soit contrecarrer les décisions que nous prenons ou les choix de vie que nous faisons, soit nous entraîner dans une direction qui, nous le sentons, n'est pas bonne pour nous, mais que nous ne pouvons pas nous empêcher de prendre !

Un autosaboteur est d'une incroyable habileté pour avancer des raisons très pertinentes et censées, pour nous inciter à faire ce qui n'est pas bon pour nous ou pour nous suggérer de ne pas faire ce qui, au contraire, pourrait être bon pour nous.

Un autosaboteur est capable de développer un raisonnement parfaitement construit et argumenté, bien ficelé, pour nous pousser à imaginer par anticipation les conséquences négatives, terrifiantes, voire catastrophiques qui nous guettent si nous persistons dans notre orientation première.

L'autosaboteur, bien installé en nous depuis des années, a plusieurs visages. Il peut se présenter avec la voix du bon sens et de la raison, ou au contraire avec la voix angoissée ou charmeuse d'un bébé, ou d'un petit enfant inquiet, ou d'un adulte fragile, perdu, qui a besoin d'être rassuré et apaisé, ou d'un adolescent révolté qui cherche à s'affirmer, ou encore d'un expert dont l'expérience ne peut être mise en doute.

Parfois encore, l'autosaboteur peut apparaître accompagné de l'image d'un parent culpabilisant ou critique, dispensateur d'injonctions : « Tu dois... tu ne peux pas ne pas faire... tu te dois de... il n'est pas question de te dérober. » La gamme des injonctions qui nous poussent à faire ce que l'on ne souhaite pas est très variée et très persuasive.

L'autosaboteur joue principalement sur le registre des doutes, des peurs et de la culpabilisation, mais aussi sur l'image de soi. En ce sens, il peut alimenter une certaine « bonne image » que nous avons besoin d'entretenir en nous-mêmes, pour nous ou pour autrui !

Images du bon père, de la bonne mère, du bon employé, du bon fils ou de la fille parfaite, que nous avons intériorisées et que nous allons nourrir et entretenir durant des années.

Images le plus souvent nourries de peurs fantasmées, aussi peu réelles que ne le sont la plupart des peurs. Peur de dire, de ne pas dire, de faire, de ne pas faire, d'être vu, surtout, « comme on ne le souhaite pas » ou étiqueté de façon péjorative ; peur de ne plus être aimé, d'être rejeté, d'être nié, et bien d'autres encore.

On pourrait se demander d'où viennent les autosaboteurs qui nous habitent. Comment sont-ils entrés dans notre existence ? Parfois, très tôt, par des messages clairement négatifs (semblables à des anathèmes), ou par l'entremise de messages plus ambigus, plus ambivalents déposés sur notre tête quand nous étions encore au berceau ou dans les bras de notre mère.

« Oh ! celui-là, il vous en fera voir, il vous décevra souvent ! »

« Celle-là, on voit tout de suite qu'elle fera courir les hommes ! »

« Celui-là, il faudra le tenir serré si vous ne voulez pas que ça finisse mal un jour ! »

« Je n'en ai pas connu beaucoup comme lui, aussi têtu que son grand-père ! D'ailleurs, dans cette famille, il n'y en a pas un pour sauver l'autre ! »

Les étiquettes posées, les injonctions énoncées dans l'enfance sont l'équivalent de véritables diktats qui vont définir une personne et conditionner par la suite la plupart de ses comportements relationnels. Les injonctions sont le plus souvent déposées par nos propres parents et ascendants ou par des proches de la famille pour tenter de nous faire entrer dans un moule, pour juguler l'irrationnel pressenti (à juste titre) en chacun de nous, pour circonscrire une répétition, contrôler l'irruption des pulsions. Elles peuvent être imposées avec beaucoup d'amour (un amour inquiet, envahissant ou possessif!), mais rarement avec respect.

Certaines injonctions sont déposées non seulement sur la personne, mais aussi sur la famille, ce qui renforce parfois l'impact.

«Comme il n'a pas eu de père, j'ai toujours pensé qu'il n'arriverait pas à devenir papa. On se demande comment il a fait pour avoir un enfant en si bonne santé!»

«Je me demande si cet enfant trouvera un jour quelqu'un qui l'aimera autant que moi!»

«Regardez-le, à peine quelques jours et il a déjà le caractère de sa mère! À croire que, dans cette famille, tout vient des femmes!»

«Il suffit de la regarder pour comprendre que la méchanceté est en elle, et pour toujours!»

«Tous les mêmes dans cette famille, il n'y en a pas un pour racheter les autres. Il n'y a que l'argent qui les intéresse, surtout celui des autres!»

Mais il y a aussi, dans le développement d'un être humain, des injonctions qu'il se donne à lui-même, des interdits, des censures, ou même des défis qu'il est le seul à s'imposer. Ce sont le plus souvent des moyens de défense pour faire face à une situation de crise ou de stress, ou à un événement traumatisant qui a brutalement envahi l'espace de vie, auquel certains répondent par l'équivalent d'une politique de la terre brûlée pour éviter de succomber ou de tomber plus bas. Ces censures, ces interdits transformés en moyens de défense sont nécessaires peut-être au moment où on se les impose, ils sont des protecteurs ou des consolateurs utiles, mais ils vont se révéler être, par la suite, de véritables carcans, d'insupportables prisons qui enferment et inhibent les potentialités réelles.

«À huit ans, j'étais amoureux d'une petite fille qui m'a déclaré qu'elle m'aimait. J'étais au paradis. Six mois après, elle en aimait un autre! Je me suis senti trahi et je me suis juré de ne plus jamais me laisser aimer par quelqu'un! Pas pour me punir ou pour la punir, mais pour éviter, du moins je le croyais, de souffrir en me laissant aimer!»

«Mon père m'avait dit qu'il m'aiderait à acheter le vélo que je convoitais, mais il n'a pas tenu sa promesse. Alors, je me suis dit: plus jamais je ne demanderai quoi que ce soit. Je n'attendrai rien de personne, je me débrouillerai tout seul, sans jamais rien demander.»

«J'avais les cheveux très longs, difficiles à peigner, et ma mère me faisait la guerre pour que je les coupe, me disant que je ressemblais à une sorcière. Alors, un jour de rage, je me les suis coupés moi-même en me jurant que si un jour j'avais une fille elle garderait ses cheveux longs toute sa vie. Aujourd'hui, ma fille a douze ans, elle pleure tous les jours pour avoir des cheveux courts, et moi je lui interdis de les couper ! Je crois que le temps est venu de renoncer à ma propre décision, mais c'est très difficile ! »

Si l'on peut restituer les injonctions que l'on a reçues à ceux qui les ont déposées sur nous, et par là même s'en libérer par un positionnement nouveau face à eux, il est plus difficile par contre de se libérer de ses propres injonctions. Nous avons à leur égard une fidélité très ancrée et tenace. Peut-être en souvenir du petit garçon ou de la petite fille que nous avons été et qui a survécu grâce à elles. Ces injonctions, ces diktats nous ont protégés, aidés à traverser des phases délicates, et y renoncer serait nous rendre vulnérables, du moins le croyons-nous !

« J'ai vécu des expériences très difficiles à certaines périodes de mon enfance et de mon adolescence. Elles ont laissé en moi plusieurs blessures liées à l'injustice et à l'humiliation. J'ai une frousse bleue de me retrouver seul, et mon insécurité est profonde. La peur est devenue le carburant de mes actions. Grâce à un travail intense et acharné, j'ai mis ma famille à l'abri, mais dans un cocon. Et je n'ai pas vu qu'au fil du temps le cocon s'est progressivement transformé en prison... à barreaux dorés, certes, mais en prison quand même. Personne, dans mon entourage, ne s'y trouve bien. Aujourd'hui, je suis en fin de carrière et, si je regarde les choses en face, il me faut bien admettre que je dois m'occuper de mes blessures et les soigner. »

Un certain nombre d'autosaboteurs ne sont pas liés aux injonctions mais à l'image, à la bonne image que l'on veut se donner à soi-même, ou au monde entier.

Cette culture de la belle et bonne image, ce besoin d'apparaître comme parfait, sans défaut, bon, généreux, tolérant, nous entraîne parfois à entretenir une double vie.

« Depuis plusieurs années j'ai une relation extraconjugale, mais quand je suis avec l'autre femme, je ne suis jamais à l'aise, je n'arrive pas à me détendre, à me laisser aller, je pense sans cesse à ma femme. Et quand je suis avec ma femme, c'est le souvenir de l'autre qui m'habite. C'est l'enfer ! J'essaye de me préparer, de composer chaque fois le personnage qui corresponde le mieux à la situation dans laquelle je vais me trouver, mais je n'y arrive pas. Je ne peux pas être moi-même, où que je sois. Je suis toujours ailleurs, présent là où je ne suis pas ! »

Il y a des autosaboteurs très précoces. Ce matin-là, un camarade de classe de Julien lui apprend que Mélanie (Mélanie est la petite fille avec des couettes blondes, juste deux bancs devant lui) est très amoureuse de lui. Elle le lui a dit. À la récréation suivante, Julien ne peut s'empêcher de crier à Mélanie, devant tous les élèves : « Alors, il paraît que tu es très amoureuse de moi ! » Rouge de confusion et de colère, Mélanie s'éloigne de lui en murmurant : « Pauvre type, va ! » Julien ne sait pas qu'il a perdu Mélanie à jamais. Elle ne lui parlera plus de toute l'année scolaire.

Chez certains, tout se passe comme s'il était important de réveiller le diable qui est présent en eux et qui va les déstabiliser, et leur donner également le sentiment qu'ils sont vivants, puisqu'en difficulté ou en souffrance.

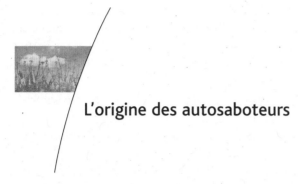

L'origine des autosaboteurs

Sans aller dans les extrêmes, disons que nous avons tous plus ou moins recours à des autosaboteurs. Nous avons même nos autosaboteurs de prédilection. Ces derniers sont à l'œuvre depuis l'enfance et semblent, aux yeux de certains d'entre nous, remonter si loin dans le temps que nous les confondons avec nos origines et les considérons comme faisant partie de nous-mêmes, comme inscrits dans nos gènes, comme inhérents à notre caractère ou à notre personnalité.

Nous ne nommerons pas tous ces autosaboteurs, ils sont trop nombreux, se renouvellent à la demande et ont des ancrages profonds dans notre histoire.

Avant d'en présenter quelques-uns et de montrer comment ils œuvrent dans notre vie, je voudrais mettre en évidence par quels chemins, par quels processus ils arrivent dans notre vie.

Même quand nous prenons conscience de leur existence, comme cela peut être le cas pour les lecteurs de cet ouvrage, les autosaboteurs ne se laissent pas déloger facilement. Nous avons beaucoup de mal à renoncer à leur présence, car chacun d'eux, à sa façon, remplit une fonction.

Tout se passe comme si, à un moment donné de notre existence, ils nous étaient nécessaires, indispensables, même si par la suite ils se révèlent dépassés ou contraignants. L'origine principale de la plupart des autosaboteurs me semble résider dans l'inscription précoce, en nous, de certains manques. Manque d'amour (ou d'une attention suffisamment bienveillante et protectrice aux premiers jours de la vie), manque de confiance (impression que l'on ne peut se fier à nos proches ; incohérences dans l'ajustement des réponses vitales), manque d'espoir (avenir barré), manque de perspectives positives pour un futur proche ou plus lointain, manque de repères visibles, concrets, et de balises sûres.

Rester dans le manque et en faire un point de fixation suscite le plus souvent frustrations et angoisses, revendications et colères, violences et autoviolences. Le retournement de la violence contre soi, en particulier, altère non seulement notre relation au monde, mais notre relation avec nous-mêmes. C'est pourquoi, chaque fois qu'il nous sera possible de reconnaître le besoin qui est derrière le manque, les autosaboteurs diminueront, puis disparaîtront peut-être de notre vie.

C'est donc tout un travail de recadrage qu'il nous faut accomplir, tout un travail de repositionnement des événements structurants de notre vie, ce qui nous permettra à la fois de mieux comprendre tout ce que nous avons entretenu, en nous, de négatif, et d'y renoncer.

Pour que cela ne reste pas un vœu pieux, repérons nos autosaboteurs. Cela nous dynamisera en nous insufflant un meilleur respect de nous-mêmes.

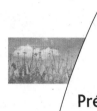

Présentation de quelques autosaboteurs remarquables

Ils ne sont pas légion, mais ils sont nombreux et je ne peux en présenter que quelques spécimens, puisés dans mes rencontres avec moi-même et avec des personnes qui, comme moi, les hébergeaient (sans le savoir) et les entretenaient (avec constance) en elles.

La banalisation et l'ironie

Banaliser une parole, une situation, ou les croyances d'une personne, c'est vouloir en réduire l'impact ou en détourner la portée.

« Avec mon mari, on ne peut pas discuter. Ni moi ni mes enfants n'arrivons à l'interpeller. Avec ses amis, c'est encore pire, il plaisante en permanence, noie le poisson, comme on dit. Quoi que je lui dise, il tourne tout en dérision, fait une pirouette qui dénature mes propos, et me donne le sentiment que je ne serai jamais entendue. Je crois que son ironie lui permet de ne pas se positionner, de ne pas se définir et de ne pas s'engager. »

L'ironie, il n'est pas inutile de le rappeler, se distingue de l'humour, dans le sens où celui qui manie l'ironie le fait avec l'intention de dévaloriser ou de blesser celui ou celle à qui elle s'applique.

La personne qui ironise le fait en réduisant tout, surtout la nouveauté, à du connu (« mais j'ai déjà lu quelque chose là-dessus, c'est déjà dépassé » ou « il y a plein de gens qui ont essayé et ça n'a jamais rien donné »). Elle nie la valeur d'une découverte (« mais tout ça c'est des trucs archiconnus, n'importe qui peut le faire, ça ne conduit pas loin »). En récusant l'interpellation possible pour changer de regard, on s'accroche à sa propre vision, on reste dans le connu et le maîtrisable.

Le sarcasme peut être utilisé aussi pour se montrer « au-dessus de la mêlée », pour apparaître comme celui « à qui on ne la fait pas ! ». L'ironie, la banalisation sont utilisées en vue de se couper de l'humilité nécessaire pour reconnaître une réalité différente, et pour éviter de toucher du doigt l'émergence d'une autre vérité qui ne pourrait se dire que par l'abandon de tout jugement et interprétation.

Ici, l'autosaboteur remplit une fonction, celle de vouloir garder la maîtrise sur la personne ou la situation ; il ne veut pas se laisser surprendre, ni dépasser.

L'ironie est un travers d'adulte. Un enfant a du mal à la comprendre ; elle le déstabilise et bouscule ses repères. Quand j'entendais, enfant, un proche me dire : « Va voir dehors si j'y suis ! », je sentais le refus de ma présence, et je ne comprenais pas comment on pouvait à la fois être dedans et dehors.

Le sarcasme est plus violent que l'ironie, il vise encore plus à blesser, à laisser une trace maligne et plus durable.

Pascal Guignard, homme d'une immense culture, nous rappelle que « sarcasme » vient du grec *sarx*. Le *sarkasmos*, c'est la peau prélevée sur le corps de l'ennemi qu'on a tué. En cousant ses peaux « sarcastiques », le soldat formait un manteau de victoire.

> ### Ouverture et passage
> Il y a toujours à apprendre, surtout quand je ne suis pas d'accord. Sans oublier que dans la recherche de la vérité, le plus difficile, c'est quand on la trouve !

Le refus de se dire, le repli sur le silence

Il faut, pour oser se dire, un climat de confiance et surtout la perception (qui se révélera fondée ou pas) que celui qui nous écoute nous recevra, et peut-être même nous renverra son propre écho, agrandissant ainsi notre compréhension. Pouvoir se dire peut se faire sur différents registres : sur le plan des idées, du ressenti, des sentiments, des émotions, des croyances, ou encore sur le plan des faits, de l'imaginaire ou du retentissement. Cela permet une gamme de possibles qui seront exprimés ou retenus suivant les circonstances, les personnes présentes, et les enjeux conscients ou inconscients qui s'agitent chez celui qui aurait quelque chose à dire de lui ou d'un autre.

Le refus de se dire, le repli sur soi sont parfois alimentés par un alibi qui pourrait s'énoncer ainsi : « De toute façon, ça ne sert à rien de dire » ou : « Personne ne peut me comprendre ! », ou encore : « Chaque fois que j'ai voulu parler, cela s'est retourné contre moi ! » Il y a souvent une autosatisfaction à s'enfermer dans une image de soi «incomprise et digne» autour de laquelle on remâche ses amertumes et ses insatisfactions relationnelles.

Cet autosaboteur permet aussi de se tenir à distance, de s'entourer d'une bulle protectrice d'autosatisfaction, et donc d'éviter de se remettre en cause. Je ne donne aucune prise à l'autre pour qu'il puisse pénétrer dans mon intimité. Ainsi, je ne prends aucun risque d'être influencé, même si je me prive de tout ce qu'un changement pourrait m'apporter.

> *Ouverture et passage*
> **Le silence n'est pas toujours d'or. Prendre le risque d'énoncer des mots en direction de quelqu'un peut me permettre aussi de les entendre.**

Les fidélités inflexibles

Les nombreux travaux parus ces dernières années sur la communication transgénérationnelle ont souligné que des informations circulent entre les membres d'une même famille d'une façon qui peut sembler irrationnelle et qui paraît parfois un peu inquiétante (surtout lorsqu'elle met en évidence comment des messages, des injonctions, des interdits circulent entre les membres d'une même famille sans la médiation des langages habituels). Ces observations nous ont permis de découvrir que, pour la plupart, nous sommes des ex-enfants fidèles, porteurs de loyautés invisibles qui parfois nous lient de façon incontrôlable ou inconsciente à l'un ou l'autre de nos géniteurs, ou même à des ascendants plus lointains.

Tout se passe comme si nous nous sentions responsables des malheurs, des épreuves ou des événements douloureux qui ont pu arriver à un père, une mère, un frère ou une sœur, ou encore à un grand-père ou une grand-mère, et que nous avions intériorisé la mission de mettre ces événements au jour et de les réparer afin de libérer ces membres de notre famille du souci d'avoir à les affronter au cours de leur vie. En bref, nous voulons prendre soin de leur tristesse ou de leur souffrance, que nous sentons toujours présente. Cette démarche se traduit chez certains d'entre nous par des conduites ou des comportements dont les mobiles échappent, pourrait-on dire, à notre volonté, même s'ils sont apparemment conscients. Tout cela peut nous conduire à des engagements qui mobilisent beaucoup d'énergie et de ressources, se révèlent source de souffrance et de mal-être, et nous poussent à faire des choix qui pourront nous entraîner à des actions qui se révéleront par la suite chargées de malentendus, de conflits et de dommages préjudiciables à notre propre vie. Il en est de même des fidélités perverses, qui nous poussent parfois à poser des actes qui se révèlent après coup nocifs, dangereux, et mettent notre existence en déséquilibre ou en péril.

Ainsi, cet homme, abusé sexuellement par son père à l'âge de dix ans, qui décide à sa majorité (vingt et un ans) de partir au Canada et de s'installer à Vancouver, mettant ainsi 11 000 kilomètres entre lui et sa famille ! Quelques années plus tard, il rencontre une jeune femme à l'université. Il l'épouse, pour découvrir au moment de la naissance de leur fils qu'elle a elle-même été abusée par son père. Il nous dira, trente ans plus tard : « Je m'étais juré de ne jamais confier mon fils à mes parents, redoutant toujours la perversité de mon père. J'ai tenu bon durant la petite enfance de mon enfant, mais quand mon fils a eu dix ans, je me suis laissé convaincre, à la fois par ma femme qui voulait faire un voyage en Italie avec moi, « en amoureux », et par ma mère qui souhaitait voir son petit-fils. J'ai transgressé ma propre décision, et nous avons laissé notre fils chez mes parents durant les trois semaines de notre voyage en Italie. Quand mon fils a eu vingt et un ans, il nous a quittés pour partir à l'étranger, au Japon (mettant à son tour quelque 13 000 kilomètres entre lui et moi). Juste avant son départ, il nous a révélé qu'il avait été abusé par son grand-père pendant que sa mère et moi étions en Italie ! Qu'il avait beaucoup de ressentiment contre moi, car il me rendait responsable de l'avoir laissé chez ses grands-parents. Je ne lui avais jamais parlé de ce qui m'était arrivé et je n'ai pu me résoudre à le faire à cette occasion. Je me suis par la suite beaucoup interrogé, d'abord sur mon propre aveuglement, puis sur la puissance des forces qui m'ont conduit à faire le choix d'une épouse qui avait vécu le même traumatisme que moi (viol par un père). Mais ce qui me sidérait, c'était le synchronisme des dates : dix ans pour moi et pour mon fils en ce qui concerne l'abus sexuel ; départ à vingt et un an, pour moi et pour lui, moi au Canada, lui au Japon ! Je me sens encore coupable d'avoir gardé le silence. Je sens qu'il faudrait que je mette des mots sur tout cela pour tenter d'arrêter cette spirale infernale. »

Cet homme était accablé par la puissance de tous ces enchaînements. Il sentait confusément qu'il avait une part de responsabilité dans chacun des choix qu'il avait faits. Surtout celui de ne pas avoir mis des mots sur les faits, de ne pas avoir porté à la connaissance des autres membres de sa famille, sa mère, ses grands-parents, ce qui lui était arrivé à dix ans, et, surtout, de n'avoir pas osé révéler à son fils sa propre transgression, qui avait consisté à trahir la promesse qu'il s'était faite de ne jamais laisser son enfant chez son grand-père ! Peut-être avait-il pensé que son enfant était mieux armé et qu'il pourrait affronter seul la situation traumatisante qu'il avait lui même vécue à dix ans ; peut-être avait-il voulu protéger sa mère ; peut-être avait-il imaginé que son père avait changé ?

Nous savons tous que notre avenir prend sa source dans notre passé et qu'il sera irrigué par bien d'autres sources et affluents qui peuvent avoir des origines semblables, même quand elles paraissent différentes.

> **Ouverture et passage**
> Oser mettre des mots sur l'indicible. Et se rappeler qu'un geste non accompli est perdu à jamais.

Commencer une demande importante par un reproche direct ou implicite

Quand vous appelez votre petite amie pour lui demander si elle est libre le dimanche suivant et que vous lui dites, dès le début de l'échange : « Tu ne m'as pas appelé aujourd'hui ! », vous risquez de saboter la relation avant la rencontre.

Si vous écrivez à quelqu'un pour lui demander de l'aide et que vous vous arrangez pour lui faire une critique du genre : « Vous avez délibérément oublié de me signaler que vous pouviez m'aider ou que vous possédiez ce que je cherche ! », il est fort probable que vous n'obtiendrez pas une réponse satisfaisante. Ce qui vous confirmera d'ailleurs que cette personne « est vraiment incapable de vous aider ! ».

Le recours à la fatalité avec un zeste de victimisation qui vous fait dire : « De toute façon, cela devait m'arriver » ou « Quand il y a un mauvais coup qui se prépare dans l'univers, on peut être sûr que c'est pour moi ! » est une porte de sortie que vous empruntez pour retrouver le chemin qui va vous permettre de continuer le cycle de vos insatisfactions !

Ce sentiment que vous avez d'être sur terre pour servir de catalyseur à tous les malheurs de l'univers peut être encouragé par une pensée pseudo-oblative : « Au moins, en tombant sur moi, la foudre en a épargné un autre ! » Ce qui fait que vous n'avez aucune raison de changer ou de modifier la manière dont vous commencez un échange !

> **Ouverture et passage**
> Chaque fois que j'invoque la fatalité, je fais l'économie de m'interroger sur ma responsabilité personnelle.

La répression imaginaire

La pratique assidue de la répression imaginaire est un autosaboteur banal, car très répandu. Il peut cependant avoir des conséquences douloureuses et parfois redoutables, sous forme de blocages, d'inhibitions, de précautions et de prudences excessives, ou de limitations paralysantes qui nous empêchent de dire, d'oser, de demander, ou simplement de prendre le moindre risque dans nos relations ou dans les différents engagements de notre vie.

La répression imaginaire fonctionne à partir d'un processus de projection qui nous fait imaginer à l'avance ce qui pourrait nous arriver (ou advenir à l'autre) si nous faisions ou entreprenions telle ou telle chose, si nous prononcions telle ou telle parole, si nous prenions telle ou telle décision. La répression imaginaire nous maintient sous la dépendance de nos propres diktats. En ce sens, elle est infantilisante pour soi et pour autrui. Imaginer, penser à la place de l'autre, se dire qu'il ne supportera pas ce qu'on va lui révéler de ce que l'on sait, qu'il s'effondrera si l'on pose tel ou tel acte ou si on lui dit ce que l'on pense, cela revient d'une certaine façon à le maintenir en dépendance (puisqu'on le croit incapable de faire face à ce que nous pourrions lui dire).

La répression imaginaire est fréquente chez certains parents, qui pensent (pansent !) que leur enfant est trop fragile : « Il est trop petit pour que je lui dise qu'il a été adopté ! » « À son âge, il ne comprendra pas pourquoi ses parents veulent se séparer, il vaut mieux lui laisser croire que son père est parti travailler ailleurs ! »

Pratiquer la répression imaginaire, c'est se faire violence à soi-même (autoprivation et interdits qui ne sont pas justifiés par des faits) et faire violence à l'autre (décider pour lui de ce qui est bon ou pas).

La répression est semblable à un poison qui pollue des relations qui autrement pourraient se révéler dynamisantes, créatives et socialement bonnes.

Dès son plus jeune âge, Marie a été placée dans une famille d'accueil. Elle est maintenant une jeune adulte et envisage d'aller vivre chez son petit ami. Mais elle a peur d'abandonner celle qui l'a élevée et qui a été pour elle une « bonne mère ». Elle redoute de lui faire de la peine, de la décevoir, de la trahir. Elle le redoute d'autant plus que cette femme est veuve depuis peu. Marie va-t-elle respecter son projet personnel ou va-t-elle y renoncer parce qu'elle se sent redevable auprès de la femme qui l'a élevée ? Va-t-elle se donner comme mission de se sacrifier en devenant son bâton de vieillesse ?

Pour certaines personnes, sortir de la répression imaginaire signifie qu'elles doivent prendre le risque de se positionner, de s'affirmer et de renoncer au besoin d'approbation qui domine parfois leur vie.

Depuis des années, c'est-à-dire depuis le début de leur relation, un homme est persuadé que sa femme sait tout mieux que lui, et surtout ce qui est bon pour lui. Il tente de se conformer à ce qu'elle lui demande d'être, en l'occurrence « moins bonne pâte, plus affirmé, plus courageux » et peut-être « plus viril ». Dans sa vie professionnelle, il s'applique à mettre en pratique tous les conseils que lui prodigue son épouse. Lorsqu'il est satisfait du résultat, cela le conforte dans l'idée que sa femme a raison et qu'il a bien fait de l'écouter. Lorsqu'il ne parvient pas à se comporter selon les indications de sa femme, il se dévalorise et se convainc aisément qu'il est « un incapable ». Il perd toute assurance, se méfie de lui et, de plus en plus fréquemment, se réfère à sa femme pour la moindre décision à prendre. Il finit par consulter un psy (sur les conseils de sa femme, bien sûr) et se comporte en bon élève studieux qui attend qu'on lui dicte comment agir dans sa vie. Jusqu'au jour où il prend conscience qu'il lui faut tout d'abord se réconcilier avec lui-même, et oser prendre contact avec son « vrai soi », en apprenant à s'écouter. Dans un premier temps, cette découverte le plonge dans la panique. Il craint de perdre la confiance de sa femme en remettant en cause le rôle qu'elle a joué durant des années, et qu'il lui a délégué. Après maintes hésitations, il lui parle tout de même de sa découverte et de son besoin d'être plus authentique. Il a la bonne surprise de constater que les réactions de sa femme ne sont pas du tout celles qu'il redoutait. Elle accepte facilement de renoncer à la mission qu'elle s'est donnée (qu'il lui a attribuée !) ; elle accepte ses hésitations, ses tâtonnements et ses difficultés à prendre des décisions. Pour tout dire, elle est soulagée. La relation en est transformée. Cette expérience est pour cet homme un ancrage positif qui lui sera utile dans d'autres situations où il aura à prendre le risque de « faire des vagues », de décevoir ou de formuler des demandes plus personnelles.

La répression imaginaire est, dans les relations humaines, l'équivalent d'un cancer. Que ce soit dans la relation à soi-même ou dans la relation à l'autre, elle consiste à imaginer, de préférence le plus négativement possible, les pensées ou les réactions de l'autre lorsqu'on doit lui dire une chose qui semble importante, ou lorsqu'on lui propose une chose qui nous paraît intéressante. « Je suis sûr qu'il va penser que je suis intéressée si je lui propose de garder ses enfants, ou de l'aider au jardin ! »

« Jamais je ne pourrai dire à ma mère combien j'ai besoin de lui restituer les messages "disqualifiants" qu'elle a déposés sur moi. Elle penserait que je suis fou ou que je ne l'aime pas. Peut-être même imaginerait-elle que je suis entré dans une secte qui veut m'éloigner d'elle ! »

Cette anticipation « négativante » de la pensée, du jugement ou du comportement de l'autre va le plus souvent nous inhiber et nous faire renoncer à dire ou à faire ce que nous pensons souhaitable ou bon pour nous !

La répression imaginaire tue la spontanéité, elle assassine la créativité, stérilise le ferment d'une relation vivante. Elle crée des écrans invisibles mais particulièrement tangibles entre deux personnes et empêche, freine la rencontre directe, l'expression spontanée des sentiments. « Je n'osais pas inviter ma voisine à aller au cinéma, je ne voulais pas qu'elle pense que je voulais la draguer ! »

Par la suite, la répression imaginaire produit chez celui qui s'y livre des dépôts d'amertume, des montagnes de résidus, des gouffres de regrets ; elle entretient des nuages de scories et soulève dans le quotidien des tempêtes d'insatisfactions. L'autorépression que nous nous imposons à nous-mêmes contribue à entretenir dévalorisation, disqualification, sentiment d'impuissance, culte de l'échec.

« J'avais vingt ans et j'étais très amoureux de ma voisine de palier ; je la trouvais extraordinairement belle et intelligente. Elle préparait une licence de biologie, ce qui me paraissait être le sommet de la connaissance scientifique. Pendant des semaines, j'ai rêvé d'elle tous les soirs : j'imaginais les scénarios les plus fous ; comment j'allais l'aborder, avec quel prétexte ; je cherchais une phrase suffisamment intelligente ou spirituelle pour retenir son attention.

« J'étais présent quand un autre étudiant, avec une entrée en matière d'une telle banalité que j'aurais rougi de honte à la seule idée de la prononcer, l'a invitée à aller voir un film débile. Entre eux, une relation amoureuse a commencé. Vingt ans après, elle m'a confié qu'elle avait été très attirée par moi, et qu'elle avait attendu en vain une proposition concrète de ma part. C'est par dépit qu'elle avait accepté l'autre ! Elle avait fini par vivre avec lui une relation médiocre et m'en avait voulu longtemps de l'avoir amenée à accepter ce pis-aller ! J'ai senti qu'elle me rendait responsable de son échec sentimental. Des années plus tard, je regrettais encore de n'avoir pas saisi l'occasion de renouer avec elle et de réparer le mal que j'avais pu lui faire… Et aujourd'hui je frémis à l'idée de ce qui aurait pu m'arriver si j'avais été plus volontaire. »

La répression imaginaire peut provoquer des dégâts considérables, qui seront rarement mis en évidence mais n'en seront pas moins réels. Elle nous entraîne à poser des actes qui vont souvent à l'opposé de nos aspirations profondes ; elle nous dévie de notre chemin, elle freine ou empêche la réalisation de potentialités qui vont rester en jachère.

Ouverture et passage
Éviter de penser à la place de l'autre, lui laisser
la responsabilité de ce qu'il éprouve, ressent ou imagine
par lui-même, et ne pas hésiter à prendre soin
de ses propres aspirations.

Le besoin de mettre l'autre en difficulté ou en échec

Le besoin, chez certains, de mettre autrui en difficulté, de le pousser à l'échec, est paradoxal, car ils le réalisent le plus souvent au détriment de leur propre personne ou en sacrifiant leur propre réussite. Ce besoin les entraîne à prendre des décisions qui vont à l'encontre de leurs intérêts.

« Je ne peux pas m'empêcher de dire à ma femme, quand c'est elle qui conduit et qu'elle ne sait plus où nous sommes : "Continue tout droit, puisque tu as pris cette direction sans me demander mon avis !" Nous avons souvent tourné en rond pendant des heures, au lieu de nous arrêter et de consulter la carte ! »

« Je sais qu'il aurait fallu que nous préparions ce mur avant de le repeindre, et qu'il aurait fallu protéger les meubles, puis étendre une bâche par terre pour ne pas abîmer le plancher. Mais je ne peux pas m'empêcher de pousser mon mari à ouvrir tout de suite le pot de peinture et à commencer à peindre alors qu'il n'a même pas encore enlevé son veston ! »

« Quand mon fils me dit qu'il ne comprend pas son devoir de maths, je commence par lui reprocher d'avoir attendu le dernier moment, un dimanche soir, pour m'en parler. Puis je l'accuse de n'avoir jamais ouvert son manuel, ou de l'avoir oublié en classe, et, surtout, de me gâcher la soirée. Mais je suis tout aussi capable de l'emmener en voiture à l'autre bout de la ville (sans téléphoner avant) pour découvrir que son copain (qui est fort en maths) n'est pas rentré de week-end ! »

En mettant l'autre en échec, c'est du meilleur de lui que l'on se prive, c'est de tous ses apports que l'on se coupe. Cette forme d'autoprivation assèche et stérilise les relations les plus intimes, comme les plus banales ou les moins significatives.

> ### Ouverture et passage
> Si je suis capable de fournir beaucoup d'efforts
> pour faire la preuve que l'autre ne peut pas réussir mieux
> que moi, c'est que je doute beaucoup plus
> de mes capacités que des siennes.

Remettre à demain

Ma grand-mère disait souvent : « À quoi bon remettre à deux mains ce que l'on peut faire avec une ? » Certains d'entre nous sont très enclins à reporter au lendemain ce qu'ils pourraient faire le jour même.

Ce saboteur est redoutable, car il nous incite à l'évitement de la réalité en nous poussant à remettre la réalisation d'une action, d'une obligation, d'un engagement, et à les repousser sans cesse à plus tard. En n'accomplissant pas tout de suite ou dans des délais acceptables ce que nous devrons faire de toute façon, nous laissons s'accumuler des contraintes ou des pesanteurs dans notre présent, et une véritable insécurité chez les autres à l'égard de nos engagements.

« Il ne faut pas que j'oublie de... » « Il faut que je téléphone... » « Je dois penser à rédiger ma déclaration d'impôts avant demain soir... » « Il faut, sans faute, que je répare cette fuite qui commence à faire des dégâts, depuis huit jours que ça dure. »

Le fait de remettre à demain découle parfois d'une croyance en l'arrivée d'un événement salvateur qui réglera le problème et nous apportera soulagement et apaisement sans que nous ayons à intervenir !

« Je remettais sans cesse le paiement de la TVA, me disant que peut-être ils m'oublieraient et que, pour une si petite somme, ils n'allaient pas en faire tout un plat ! Deux ans plus tard, le montant dû (et que l'inspecteur des impôts a exigé) s'était multiplié par six ! »

« Depuis que je suis toute petite, je vois mon père comme un dieu juste et sans pitié, et ma crainte la plus terrible est de le décevoir. Quand je suis tombée enceinte, à dix-huit ans, j'aurais tellement voulu garder ce bébé pour lui donner le petit-fils qu'il désirait si ardemment avoir ! J'hésitais à avorter, j'attendais de sa part un signe, une sorte de miracle, je voulais qu'il devine que j'étais enceinte et qu'il comprenne. Ce miracle n'est jamais arrivé. C'est ainsi que j'ai fait, en catastrophe, au cinquième mois, une interruption de grossesse. Mon état devenait trop visible. Quand le médecin m'a annoncé que c'était un garçon, je m'en suis voulu terriblement. Plus tard, sur son lit de mort, mon père m'a dit : "Alors, je vais mourir sans avoir de petit-fils ?" J'avais eu trois filles et je n'ai plus jamais eu de garçon ! »

Ouverture et passage

Plus je libère mon esprit des contraintes inévitables qui entrent dans ma vie, plus je me rends disponible pour accueillir l'imprévisible.

Détenir la solution avant même d'avoir compris le problème

Il en est qui savent tout et tout de suite, qui ont une réponse, une solution dès qu'une difficulté est évoquée ou qu'un problème se présente. Ils savent non seulement pour eux, mais pour vous aussi. Sans hésiter un seul instant, ils vous disent ce qu'il faut faire ou ne pas faire. Leur réponse est instantanée, ils ont la solution à tous les maux, à toutes les interrogations. N'importe quelle situation problématique ou conflictuelle semble avoir été créée pour eux, l'évidence d'une issue fuse de leur bouche avant même que vous n'ayez exposé votre problème.

Ma grand-mère disait de l'une de ces personnes : « Oh, celui-là, il sait tout, mais il ne sait que ça ! »

« Dans ma famille, on appelait mon frère "Monsieur-je-sais-tout". Aussitôt que l'un d'entre nous avançait une idée ou émettait une suggestion, il répondait avec une assurance qui ne laissait aucune place à l'échange, à tel point que nous attendions qu'il soit absent pour échanger sur ce qui nous tenait à cœur ! »

Je range dans cette même catégorie d'autosaboteurs les anticipateurs de problèmes et, bien sûr, de leur solution. Ceux qui fonctionnent avec des si : « Si tu avais accepté de travailler dans cette boîte, tu imagines ce qui aurait pu t'arriver ? »

« Tu te rends compte que si tu t'étais mariée avec cet homme, tu aurais eu non seulement toute sa famille sur le dos, mais en plus cet enfant qu'il avait caché à tout le monde et qui aurait un jour débarqué dans ta vie sans prévenir ! »

« Si tu avais suivi mon conseil au lieu de te jeter tête la première dans ce projet, tu aurais gagné un temps fou et tu aurais surtout évité de perdre autant d'argent. »

Ouverture et passage
Vous gagnerez beaucoup de temps et d'énergie
en refusant de vous laisser envahir par la recherche
d'une réponse à un problème qui n'existe pas.

Prendre sur soi de résoudre un problème
qui appartient à un autre

« Quand ma meilleure amie m'a dit qu'on allait construire, juste devant chez elle, à la campagne, un ensemble locatif qui allait lui boucher la vue qu'elle avait sur les monts du Jura, mon sang n'a fait qu'un tour : "On ne peut pas laisser faire ça ! Tu dois réagir, d'ailleurs, je vais t'aider !" À partir de ce moment-là, je me suis lancé dans une course folle. J'ai été voir différents membres de la municipalité (à laquelle je n'appartiens pas, mais je leur ai tout de même donné mon point de vue) ; j'ai demandé à rencontrer les promoteurs, j'ai rédigé une pétition et je l'ai fait signer par les propriétaires voisins, tout aussi concernés que mon amie par la nuisance qui serait occasionnée par dix logements locatifs. J'ai réalisé et placé des affiches pour sensibiliser le maximum de personnes. J'ai tenté par de multiples moyens de faire avorter ce projet, alors que tous les contrats étaient signés et les accords des uns et des autres validés. Durant cette période, j'étais en état d'indignation permanente et je rentrais chez moi indigné, révolté, hors de moi. »

Ce comportement consomme beaucoup d'énergie, mais il donne une vitalité étonnante à celui qui s'y livre. Il est bien évident que, ce faisant, il ne prend en charge ni ses propres problèmes ni ses engagements.

Son attitude est intrusive. S'introduire ainsi dans l'existence d'une autre personne, faire sien son problème, c'est avoir le sentiment de pouvoir vivre plusieurs vies à la fois.

En répartissant ainsi sa propre vie sur plusieurs existences, on peut avoir le sentiment d'avoir une vie passionnante, très colorée, pleine de péripéties et surtout de confrontations qui nous éloignent d'engagements qui seraient porteurs de plus d'implications, et peut-être plus déstabilisants.

Mais en s'emparant ainsi d'un problème qui est celui d'un autre, que répare-t-on d'une blessure ou d'une situation personnelle restée inachevée ?

Ouverture et passage
Si je n'ose pas vivre ma vie dans toutes ses dimensions,
je peux être tenté de vivre celle des autres.
Ce faisant, je cours moins de risques.

Je ne peux être d'accord avec quelqu'un qui est du même avis que moi!

Cette boutade bien connue de Woody Allen peut prêter à sourire, mais elle reflète un comportement qui devient pénible pour ceux qui y sont confrontés, car il entraîne tracasseries et chicanes.

« Il faut que je contre ça tout de suite, que je conteste, que je redise avec des mots à moi ce que l'autre vient de me dire : "Je suis d'accord avec toi, je pense la même chose que toi sur cette question." Je ne peux pas laisser passer cela. C'est comme s'il me dérobait mes idées ! Alors, je m'oppose, je démolis pour dire, avec d'autres mots... la même chose ! Mais au moins, cela vient de moi ! »

« Je ne supporte pas que quelqu'un me donne raison. Mes premiers mots, dans un échange sont : "Ah non, je ne suis pas d'accord, je pense que tu as mal compris ce que je voulais dire ! D'ailleurs, voici ma position. Tu constateras qu'elle est bien différente de la tienne !" »

Le besoin de contrer, de se démarquer, de dénoncer semble stimuler beaucoup ces personnes. Cette attitude leur donne l'occasion de briller, de développer leurs idées, d'affirmer leur point de vue comme étant unique et incomparable !

Les luttes de pouvoir utilisent tous les prétextes, se jouent sur tous les terrains, elles utilisent toutes les ressources d'une relation pour s'imposer. Les sentiments, aussi sincères soient-ils, n'ont aucune influence pour rétablir les rapports de force qui ont besoin de s'affirmer chez certains parce qu'ils sont vitaux pour eux.

Certains couples ne maintiennent leur cohésion qu'en étant sans cesse en désaccord. Chaque fois que l'un dit quelque chose, donne son point de vue sur un film, un livre, un événement ou une personne, l'autre émet un point de vue contraire, ce qui stimule la créativité du premier, qui démontre que ce qu'il a dit est plus juste que ce que vient de déclarer l'autre, lequel bien sûr n'est pas en reste pour développer à son tour une argumentation encore plus performante... On ne peut pas parler dans ce cas d'autosabotage, mais de scénarios bien réglés qui conviennent aux deux protagonistes. En bref, chacun y trouve son compte.

Ouverture et passage
Chaque fois que je peux privilégier la confrontation plutôt que l'affrontement et l'apposition plutôt que l'opposition, je me donne plus d'espace pour me respecter.

Oui, mais...

Le « oui mais » concerne ceux qui ont une difficulté à choisir. Car choisir, c'est renoncer. « Je veux bien, mais… » En restant ainsi dans l'expectative, je reste dans le non-choix et je lutte contre l'insatisfaction qui pourrait naître en moi parce que j'ai choisi de découvrir que c'était autre chose que je voulais. Le « oui mais » permet de faire l'économie de la difficulté.

Ce saboteur se manifeste par cette toute petite hésitation, cette réserve contenue dans un *mais* qui vient après une proposition, une invitation ou l'énoncé d'un projet, et qui va en quelque sorte le minimiser ou le disqualifier.

« Ça fait dix ans qu'on paie un loyer, on pourrait envisager d'acheter un appartement », dit l'un. Et l'autre de répondre : « Oui, mais si un jour on a envie de déménager, on risque d'être coincés. » Ainsi, avant même que le rêve ne puisse se transformer en projet, il est systématiquement contré et renvoyé au néant.

« Je recommencerais bien des études, mais je ne sais pas si cela en vaut la peine à mon âge. »

« Je voudrais bien t'épouser, mais je ne sais pas si ça marchera entre nous, on est bien comme ça, à quoi bon chercher à se compliquer la vie ! »

L'accord apparent suivi d'une réserve indique bien la réticence, et même le non-vouloir qui n'ose se dire clairement.

« Ce garçon que tu nous as présenté semble tout à fait sympathique, mais je trouve qu'il manque singulièrement de savoir-vivre. As-tu remarqué comme il s'est jeté sur la nourriture avant même que ta mère ne se soit assise ? Vraiment, je pense que tu devrais réfléchir avant de t'engager davantage. »

Le « mais » est parfois la première salve avant le feu intensif des grosses pièces d'artillerie qui vont démolir et réduire à rien vos propos ou votre point de vue.

« J'ai beaucoup apprécié votre conférence, mais je trouve qu'une dimension importante fait défaut dans vos propos : la dimension spirituelle. Vous ne faites aucune référence à Dieu. Je ne peux imaginer, vu la qualité apparente de vos apports, qu'ils ne puissent pas intégrer une référence au divin. Or, sans cette dimension, tout ce que vous dites perd de sa consistance. »

Et celui qui dit : « J'ai aimé tout ce que vous avez dit concernant ce projet de fontaine, mais vous savez comme moi qu'un tel projet requiert l'avis de plusieurs spécialistes, aussi nous allons le soumettre aux personnes compétentes. » Celui-là sous-entend bien que vous n'êtes pas spécialiste, mais seulement pétri de bonne volonté, et il vous signifie que votre idée a peu de chance d'aboutir.

Ouverture et passage
Si j'apprends à faire des choix entre différents désirs (même s'ils me semblent tous importants), si je comprends mieux la différence entre un besoin et un désir, si je me donne des priorités, je n'ai pas besoin de traduire mon refus du conflit ou mon ambivalence avec des pseudo-approbations ou des fausses propositions.

S'arranger pour que les actes et les intentions ne correspondent pas

Au départ, il y a une intentionnalité, un désir très vif chargé de beaucoup d'espoirs et de plaisirs anticipés envers un projet ou une action à entreprendre. Et puis commence une succession de décisions (ou une absence de décision) qui va réduire le projet à quelque chose de banal, le dévitaliser de sa substance et, par là même, le faire échouer.

« Je voudrais que cette fête soit un succès, que chacun de mes invités trouve du plaisir et puisse faire des rencontres intéressantes. » Mais différents comportements, hésitations, tergiversations vont ensuite faire obstacle au projet, ou l'empêcher de prendre son ampleur. En bref, ils réduisent la fête à une soirée banale. Il sera toujours temps après de trouver mille excuses pour justifier que l'on n'a pas pu faire la fête que l'on souhaitait !

« "Tu verras, ce voyage à Venise va être extraordinaire. La dernière fois que j'y suis allé, j'ai trouvé un hôtel pas très loin de Saint-Marc, tout près d'un canal bordé de palais extraordinaires ; on ira du côté de l'Arsenal, je connais des petites églises qui sont des merveilles." Mais voilà, l'hôtel n'a pas été retenu assez tôt, il n'y avait plus de chambres libres, et on s'est trompé sur la date de l'expo de Balthus (qu'on adore tous les deux), et Venise au mois de février est très différente de Venise en septembre. "Ne préférerais-tu pas qu'on aille à Londres voir les Turner ?"

« J'ai mis longtemps à comprendre que son plaisir était de faire des projets, de brasser, de modeler la réalité dans sa tête, mais sans jamais s'y confronter. De s'approprier une réalité qui existait, certes, mais dans laquelle il ne voulait pas entrer, et encore moins me permettre d'entrer. Dans ces moments-là, il n'était pas question d'intervenir ou de lui rappeler qu'il n'avait jamais fait ce voyage à Venise ou à Londres, et qu'il préférait se nourrir de songes accessibles à lui seul. Et lorsque je réalisais par moi-même un de mes rêves (sans lui), il n'était pas question que je puisse lui en parler, car cette réalité-là n'avait aucune valeur à ses yeux, elle n'existait pas. Nous sommes quand même restés ensemble pendant trente ans. Je suis persuadée aujourd'hui qu'il n'avait sûrement pas rêvé notre mariage ! S'il l'avait fait, il ne m'aurait jamais épousée ! »

On invoquera aussi le mauvais sort : « Cela ne devait pas se faire » ou « Ce n'était pas une bonne période », ou encore : « Les dieux jaloux trouvaient qu'on en demandait trop ! »

Pour son entourage, cette personne est tout simplement peu fiable. « Il dit, mais ne fait pas » ou « Laissons-le dire et faisons-le sans lui ! »

Certains êtres se réalisent mieux dans les projets que dans leur réalisation. Leurs intentions sont très dynamisantes, stimulantes, mais leur créativité s'exerce surtout dans la gestion des tracas occasionnés par leurs oublis et leur impossibilité de concrétiser.

Ouverture et passage
À trop rêver la réalité, on risque d'oublier de la vivre.

J'ai envie de...

Les envies, au sens de désirs éphémères, sont fréquentes chez les velléitaires, chez tous ceux qui voudraient que la réalité s'ajuste à leurs désirs sans qu'il y ait autre chose à faire que d'énoncer un « j'ai envie de ».

Une envie semble fonctionner en autarcie. Tout se passe comme si elle avait une autonomie suffisante, comme si elle se nourrissait de sa propre expression et ne demandait ou n'exigeait rien d'autre qu'un espace où se dire. « J'ai vraiment envie de changer de travail, il est temps que j'envisage autre chose que de rester expert-comptable (ou pompiste) toute ma vie. J'ai encore des choses à régler, mais il ne faut pas que je tarde trop. » Ce monologue intérieur se suffit à lui-même pour prolonger la situation de quelques mois, de quelques années... Il permet de tenir le coup sans à-coups.

Dire « j'ai envie de » ou « je n'ai pas envie de » est une sorte d'auto-réassurance que nous avons peut-être besoin de donner, surtout à nous-mêmes, pour confirmer que nous sommes vivants. Ce qui nous permet de proclamer plusieurs dizaines de fois dans une même vie : « J'ai envie d'arrêter de fumer, j'ai envie de ne plus grossir, j'ai envie de moins travailler, j'ai envie d'être enfin heureux » sans que rien ne change ou ne bouge dans notre existence. Dans le « j'ai envie » ou « je n'ai pas envie », il y a surtout l'expression d'une velléité qui n'engage pas, mais qui montre notre bonne volonté ou notre disponibilité pour envisager un changement. Quand ? Comment ? Cela n'est pas du tout évoqué, ni même effleuré. L'envie, simplement énoncée, suffit le plus souvent à faire face au présent, mais sans le remettre en cause.

Parfois l'envie se traduit par l'équivalent d'un passage à l'acte : « J'ai envie de me faire plaisir aujourd'hui, je vais m'acheter de nouvelles chaussures ! » Cet équivalent colmate un enjeu plus caché qui ne sera pas entendu. Car les nouvelles chaussures seront bientôt oubliées au fond du placard !

Il nous arrive de prendre pour témoin de notre souhait un ami ouvert et compréhensif : « Tu sais, j'ai vraiment envie de faire quelque chose pour mon ventre, je ne me supporte plus ! Quand je me regarde le matin, comme aujourd'hui devant ma glace, je me trouve moche. Ce n'est pas supportable à mon âge. » L'ami reste rarement avare de conseils : « Je connais une salle de conditionnement physique qui a un appareil incroyable : tu cours seulement trois kilomètres par jour, et ton ventre n'est plus un problème ! Tu devrais boire beaucoup d'eau, et faire une centaine de pompes par jour, tu verras. » Les mots partagés, rapidement oubliés, suffisent pour maintenir l'envie vivante, mais seulement l'envie.

> **Ouverture et passage**
> Au fond, l'envie contient peu de vie et se contente
> de peu. En cela, elle est pratique et peut resservir
> plusieurs fois sans s'user.

L'envie et la comparaison

Quand l'un ou l'autre de ces sentiments domine, il peut nous décaler complètement de nous-mêmes.

« Je comparais sans arrêt ce que mes parents donnaient à ma sœur, certaines petites attentions, des mots gentils, les gestes que mon père lui prodiguait à ce qu'ils me donnaient à moi. Je souffrais en permanence, car j'avais le sentiment que mon père n'avait pas, à mon égard, la même qualité de gestes, les mêmes sourires. Quand mon père s'adressait à moi, il manquait toujours quelque chose, alors qu'il comblait ma sœur sans qu'elle ait même à demander. Mon cauchemar commençait au petit matin. Dès le réveil, je m'arrangeais pour être dans la salle de bain avec lui quand il se rasait ; j'adorais le voir étaler sa crème à raser. Il s'étonnait toujours de ma présence, puis me demandait des nouvelles de ma sœur ! Je me sentais transparente, inexistante à ses yeux, comme si je n'étais pas suffisamment intéressante pour lui. Je me demandais ce que ma sœur pouvait bien avoir de plus que moi ; je passais mon temps à essayer de comprendre, je tentais de la copier, de me modeler sur elle afin de répondre aux attentes de mon père. En fin de compte, je ne faisais que m'éloigner un peu plus de moi-même ! »

Sitôt que nous commençons à nous comparer avec ce que l'autre est, avec ce qu'il a et que nous n'avons pas, avec ce qu'il est capable de faire et avec ce qu'on lui a donné, nous introduisons l'équivalent d'un poison, d'une redoutable toxine dans notre esprit. Cet autosaboteur s'introduit dès l'enfance dans les relations fraternelles. « Tiens, pourquoi on laisse parler mon frère alors qu'à moi on me coupe la parole ? Papa a toujours un mot gentil pour son chien, et moi je n'entends que des reproches. » Plus tard, dans le monde du travail, les comparaisons pullulent : « Ma collègue, qui a les mêmes diplômes, la même ancienneté, qui fait le même boulot que moi, a été augmentée ! » «Et lui, le dernier arrivé, on lui a donné un bureau avec une fenêtre, alors que cela fait des années que j'en demande un, plus fonctionnel, plus aéré. » Dans le couple, les comparaisons silencieuses sont à la source de ressentiments tenaces. «Elle accueille toujours ses amis avec un mot gentil ; elle enlève son tablier quand ils arrivent, les embrasse, et moi c'est tout juste si elle me regarde quand je rentre à la maison ! » La comparaison nous renvoie le plus souvent une image négative, dévalorisée de nous-mêmes (ou de l'autre quand elle est à son désavantage), mais elle nourrit surtout rancœurs, ressentiments et amertumes, qui polluent la relation et colorent la vie de grisaille.

> ### Ouverture et passage
> Je suis un être unique, avec mes ressources, mes compétences, mes capacités et mes limites. L'autre, en face ou à côté ou contre moi, est aussi un être unique, avec ses ressources, ses compétences, ses capacités et ses propres limites.

J'attends toujours que l'autre me définisse

En acceptant d'être définies par l'autre, certaines personnes ont le sentiment qu'elles seront mieux acceptées ou aimées. En ne prenant pas le risque de se définir ou de s'affirmer elles-mêmes, elles imposent implicitement aux autres, proches ou moins proches, l'obligation de leur dire (directement ou indirectement) comment elles doivent être ou se comporter.

Cette manière d'être et de se comporter leur donne le droit d'adhérer ou de se soumettre (de se conformer), ce qui leur permettra par la suite de se réfugier derrière l'opinion qu'elles ont sollicitée, mais qui n'est pas la leur, ou de s'opposer (de résister) et de ne pas tenir compte de cette opinion, soit en la disqualifiant, soit en prétendant qu'on ne les a jamais comprises, aimées ou acceptées telles qu'elles sont !

Elle : Au fond, je n'ai jamais su si tu m'aimais vraiment (l'adverbe est indispensable !). Moi, j'attendais toujours la confirmation de ton amour pour sentir, à l'intérieur de moi, que j'avais réellement (là aussi, l'adverbe est essentiel) de l'amour pour toi !

Lui : Ce qui veut dire que si tu ne sens pas mon amour pour toi, tu ne sens pas non plus le tien pour moi !

Elle : Si, je le sens, mais il est moins fort, ce n'est pas le même !

Cet autosaboteur est plus subtil qu'il n'y paraît. Dans certains cas, il va viser à mettre l'autre en échec.

« Si tu me disais : "Reste !", alors je n'aurais pas besoin de partir. Je saurais que tu tiens à moi, que tu m'aimes.

– Je te demande de rester.

– Bon, je vais rester, je ne vais pas te quitter, mais tu dois comprendre quand même que je t'en veux. Il a fallu que je te demande cela, ce n'est pas venu de toi-même. Au fond, je ne sais pas si tu as vraiment envie que je reste. Et si je ne te l'avais pas demandé, je ne l'aurais jamais su. »

Il y a à la fois un besoin (associé à une peur) de connaître le point de vue de l'autre ou d'avoir son opinion. Mais comme ce point de vue est quémandé, il n'a aucune valeur pour celui qui l'obtient. Le point de vue obtenu (mais disqualifié) lui permet tout au plus de rester à distance, de ne pas s'engager, et de retourner la situation à son profit quand bon lui semble.

Certains sont habiles à mettre en échec, par exemple, toute demande concernant un projet quelconque. La réponse est invariable : « Ce que tu veux ! »

« Qu'allons-nous faire dimanche ?

– Ce que tu veux !

– Je propose d'aller au zoo.

– Si tu veux !

– C'est pour toi que je le propose, ça te plaît ?

– Tu sais, moi, si j'y vais, c'est pour te faire plaisir…

– Moi, si je te propose d'y aller, c'est parce que tu m'as dit avoir lu dans le journal, il y a quelques jours, qu'un éléphanteau était né.

– Oh, tu sais, moi, les éléphants…

– Bon, on y va quand même.

– Si tu veux. »

Certaines personnes n'ont pas d'existence propre. Véritables zombies, elles se modèlent sur les attentes ou les projets de l'autre, sans réellement y adhérer ; elles sont donc intouchables. Leur inconsistance est si désespérante qu'on finit par renoncer à toute relation intime avec elles.

Ouverture et passage
Au jeu du « qui veut définir à tout prix la relation »,
du « qui définit qui », il y a souvent deux perdants.

La mauvaise foi sincère

J'appelle mauvaise foi sincère celle que nous dirigeons non pas contre autrui, mais contre nous-mêmes, quand celui que nous voulons tromper n'est qu'un aspect de nous-mêmes que nous voulons contourner, qui nous dérange. Nous en témoignons généralement avec des accents d'une sincérité absolue. Nous croyons tellement à notre propre mensonge que nous avons besoin d'un témoin qui nous confirme que nous sommes sincères.

« Tu es bien d'accord avec moi : je ne pouvais pas laisser croire à ce type qu'il a tous les droits. Il m'avait vu, j'en suis sûr, et il m'a quand même coupé la route pour prendre cette place de stationnement qui me revenait. En crevant un de ses pneus et en cassant son essuie-glace, je lui ai montré qu'il aurait gagné plus de temps s'il avait recherché une autre place. »

La mauvaise foi sincère nous entraîne à prendre des décisions que nous savons injustes, excessives ou maladroites, mais que nous justifions comme étant nécessaires.

« Quand ma fille m'a dit qu'elle était enceinte d'un homme marié, je ne lui ai pas donné grand choix : ou elle avortait, ou elle demandait à son amant d'assumer son acte. »

Des années plus tard, cet homme se demande encore pourquoi sa fille s'est détachée de lui. Elle a gardé son bébé et est partie vivre à l'étranger. Elle ne lui a plus jamais donné de nouvelles.

La mauvaise foi sincère nous fait trouver des arguments qui nous permettent, face à une situation d'urgence, de prendre des décisions qui vont se révéler coûteuses et énergétivores.

« Quand j'ai découvert que ma femme était amoureuse de mon meilleur ami, et sans même savoir ce qui s'était réellement passé entre eux, j'ai tout de suite décidé que nous allions prendre une année sabbatique. En quelques jours, j'ai tout réglé et nous sommes partis pour la Nouvelle-Calédonie. À l'escale de Bombay, nous avons fait l'amour et elle s'est retrouvée enceinte. Je savais qu'elle ne voulait pas d'un troisième enfant, mais je pensais que cela sauverait notre couple. En Nouvelle-Calédonie, je suis tombé amoureux d'une autre femme ! Notre couple a éclaté. Quelques mois auparavant, je n'aurais jamais, au grand jamais, voulu cela. Mais comme j'étais encore aveugle, c'est elle que j'ai rendue responsable de notre séparation : si elle n'avait pas été amoureuse, jamais nous ne serions partis en Nouvelle-Calédonie, jamais nous n'aurions eu ce troisième enfant, jamais je n'aurais rencontré celle dont je suis tombé amoureux, et notre couple serait encore entier. Pendant plusieurs années, j'ai tenu ce discours qui me paraissait sans faille et me donnait bonne conscience. »

Questionné sur la sincérité (ou la lucidité) de ses actes, cet homme explique qu'il a cru longtemps à son bon droit : « Je croyais dur comme fer que c'était ce que je devais faire dans ces circonstances ! »

La mauvaise foi sincère fait fi des preuves et des argumentations qui permettraient de comprendre la situation sous d'autres angles et d'opter pour d'autres décisions ou comportements. « Puisque j'étais sincère à ce moment-là, je n'ai rien à me reprocher ! »

Ouverture et passage
On ne trompe le plus souvent que soi-même.

Se réfugier (ou se perdre) dans le « donner »

Pour éviter de recevoir, et peut-être de se sentir en dette, certains s'investissent beaucoup dans le « donner » tous azimuts. Ces « donneurs chroniques » à répétition ont beaucoup de mal à recevoir. Chaque fois que vous leur donnez quelque chose, ils s'arrangent pour vous le rendre le plus vite possible. « Il a été très sympathique, Jean-Paul, de m'inviter au restaurant ; il faut que je l'invite, mais je dois trouver un restaurant de même niveau, sinon il va penser que... » Rendre ce qui a été reçu (plutôt que d'en apprécier le plaisir) devient la première préoccupation.

Vous leur faites un compliment, ils vous le rendent aussitôt ; vous leur offrez un cadeau, ils vous « rendent très vite la pareille ». « Tu as été si gentille de m'inviter au cinéma ! J'ai pensé que cela te ferait plaisir si je t'invitais à mon tour ! »

Le « donner » excessif permet non seulement de maintenir l'autre à distance, mais de garder la position haute dans une relation. Cette posture relationnelle place l'autre implicitement dans la dette. Et en refusant de recevoir en retour, le « donnant » maintient un rapport de force à son profit.

« Ma mère n'accepte jamais de recevoir quelque chose de moi ; c'est toujours trop, ou pas nécessaire, et elle me le rend en disant : "Tu le donneras à quelqu'un qui en a plus besoin que moi !" Par contre, elle ne supporte pas que je n'accepte pas tout ce qu'elle me donne ; elle me demande, à plusieurs reprises, si cela me plaît toujours, ou ce que j'en ai fait, ou : "Comment l'entretiens-tu ?" Donner est pour elle le meilleur moyen de garder un contrôle sur moi. »

« Mon mari me donne beaucoup ; toutes mes amies le trouvent d'une générosité exemplaire. Ce qu'elles ne savent pas, c'est qu'il tient un compte rigoureux de tout ce qu'il me donne. J'ai trouvé récemment un carnet, épais comme une bible, sur lequel il a noté, jour après jour, tout ce qu'il m'a donné. Cela a commencé avant même notre mariage, dès la deuxième rencontre où il m'a offert un petit pendentif (plaqué or, a-t-il précisé !). »

Le donner oblatif, celui qui est offert sans contrepartie, sans s'imposer ni se valoriser, est plus rare qu'on ne l'imagine. Aussi, n'hésitez jamais à l'accueillir et à le recevoir comme l'équivalent d'un miracle : cela s'appelle aussi un cadeau.

Ouverture et passage

**Dans le délicat échange entre le donner et le recevoir,
il faut la participation de quatre positions relationnelles
(que je sois susceptible de donner et de recevoir
de quelqu'un qui accepte de recevoir et de donner).**

L'auto-accusation à répétition

L'auto-accusation est différente de l'autoresponsabilisation, dans le sens où ce ne sont pas les conséquences d'une situation qui sont prises en compte, en aval, à la suite de notre comportement, mais une focalisation, en amont, à la suite d'une appropriation de la cause des événements. C'est comme si nous avions besoin d'usurper une place et de nous situer à l'origine d'un événement afin de nous culpabiliser d'avoir fait ou pas fait, dit ou pas dit. Les conséquences de nos actes ne sont pas envisagées en termes de responsabilité, elles ne servent qu'à alimenter notre culpabilité. « C'est à cause de moi que… Si j'avais été présent, il ne serait rien arrivé… Si j'avais pensé avant que cela aurait pu se passer comme ça, je n'aurais jamais fait ceci ou cela. »

Dans l'auto-accusation, le discours sur soi supplante ce qui est arrivé, il envahit tout l'espace d'une situation, au point que, parfois, on s'intéresse plus à la personne qui s'accuse qu'à la personne qui a subi un préjudice !

Paradoxalement, le manque d'amour et d'estime de soi est susceptible de nourrir beaucoup d'auto-accusations. « Si c'est arrivé, c'est de ma faute, jamais je n'aurais dû… Si je l'avais averti avant, il n'aurait pas pris cette décision. »

Ce « tout est de ma faute » n'est jamais très loin de « tout est de la faute de la fatalité, du destin », prononcé chaque fois qu'il convient d'alimenter une déjà bien piètre estime de soi.

La plupart des autosaboteurs tirent de cette attitude des bénéfices secondaires non négligeables. En s'auto-accusant, ils dérobent à l'autre sa propre responsabilité, ou le dépossèdent des conséquences de ses choix et, surtout, ils focalisent l'intérêt sur leur propre personne, en particulier l'intérêt que leur procurent les tentatives faites par l'entourage de les rassurer, de les déculpabiliser en leur démontrant que leur responsabilité n'est pas en jeu.

Ouverture et passage
Plus je commence à m'aimer et à me respecter,
moins j'ai besoin de me donner de la valeur en me sacrifiant.

Prendre tout au sérieux, trop au sérieux

Il faudrait trouver un mot, en français, pour nommer ceux qui ne se pardonnent pas les fautes qu'ils n'ont jamais commises! Des hommes ou des femmes qui regrettent amèrement (à l'intérieur d'eux) de n'avoir pas osé, d'avoir refusé, de s'être interdit, et qui ressassent (toujours à l'intérieur d'eux-mêmes) les occasions où ils auraient pu, ils auraient dû, ils auraient fait tout ce qu'ils n'ont pas fait! Apparemment, rien ne peut les aider à être moins malheureux. Pour eux, le seul énoncé d'un événement heureux est suspect! Cela leur rappelle tout ce dont ils se sont privés!

Un agélaste (mot inconnu dans le dictionnaire historique de la langue française) est une personne affectée d'une forme extrême de gravité. C'est Rabelais qui nous l'apprend. C'est quelqu'un qui ne sait pas rire, qui prend tout ce qu'on lui dit et tout ce qui se passe autour de lui avec un sérieux si implacable qu'il en devient pénible pour tout son entourage. On pourrait même dire que cette personne est affligée de « sériosité » (si le mot existait), une affection si pesante que toute rencontre avec elle s'en trouve plombée.

« J'ai passé une soirée épouvantable. J'étais placé à côté de quelqu'un de sinistre. Aucun sourire, aucune mimique de satisfaction, aucune manifestation d'un plaisir quelconque. J'écoutais avec beaucoup d'intérêt et de joie ce qui se disait autour de moi, c'était fin, drôle, très spirituel, mais mon voisin, lui, ne bronchait pas. Toute ma vitalité et ma joie de vivre étaient absorbées par sa gravité, sa constipation sociale, devrais-je dire! »

Tenter de faire comprendre à un agélaste qu'un bienfait ne peut rester impuni ou que le possible est un tout petit pas après l'impossible est impossible. L'agélaste est, vous l'avez deviné, totalement réfractaire à l'humour.

Un agélaste, c'est le contraire de celui qui sait « berdiner » (qui sait s'amuser de tout, de petits riens, qui transforme chaque événement en clin d'œil joyeux à la vie). Le « berdinage » est hautement recommandé à tous les bourreaux de travail, pour eux-mêmes ou pour leur entourage, et aux accros du boulot.

L'agélaste ne supporte pas qu'il y ait le moindre soupçon de joie ou de plaisir dans une rencontre ou un échange. Rien ne le fait rire ou ne le détourne de son sérieux pontifical. Pour lui, la vie est gravement, irrémédiablement sérieuse et ne doit jamais être prise à la légère.

« Je préfère rester sérieux, je trouve que la vie n'est pas marrante. »

« Non, je n'ai pas envie de rire, et je trouve même que ton sourire est indécent ! »

« Moi, je ne vois pas à quoi ça sert de rire ; d'ailleurs, quand je vois ce qui se passe autour de moi, je n'ai pas du tout envie de rire ! »

« Tu n'as pas l'air content.

– Si, je suis content, mais à ma façon.

– Mais tu ne le montres jamais !

– Je n'ai pas à le montrer, je suis comme ça ! »

Ouverture et passage

Celui qui ne sait pas sourire de lui-même ne connaît pas le plaisir de rire pour rien, simplement pour le plaisir de rire.

La culture de l'ITPI

Ceci s'adresse à ceux qui ont gardé la nostalgie de cette période de leur vie où leur ITPI (illusion de la toute-puissance infantile) était centrale. Cette période, que nous avons tous traversée avec plus ou moins de bonheur entre la sortie du ventre et l'âge de deux ou trois ans, se caractérise, chez tout enfant, par ce sentiment dominant qui lui laisse croire que ses besoins et ses désirs sont tout-puissants. Qu'il lui suffit d'envoyer un signe, de se manifester pour que l'univers se mobilise dans sa direction et réponde à l'une ou l'autre de ses attentes, même quand il ne sait pas qu'il en a ! Par la suite, l'enfant sera confronté (la plupart des enfants) au principe de réalité lorsqu'il découvrira avec frustration ou déception que son entourage ne répond pas tout de suite, est occupé ailleurs ou diffère sa réponse, le privant ainsi d'un plaisir immédiat. J'appelle ce passage (qui peut parfois être brutal) le sevrage relationnel. C'est en effet l'équivalent d'un sevrage, quand l'enfant découvre qu'il n'a pas seulement une maman (qui a répondu jusque-là à toutes ses demandes), mais aussi une mère (moins disponible, qui sait dire non, qui ne se dérange pas tout de suite, qui s'occupe d'autres personnes autour d'elle : mari, enfants, autres parents, profession). Certains ex-bébés ne renoncent jamais à cette ITPI et sont persuadés que le monde, l'environnement, les autres doivent se plier à leurs désirs et à leurs attentes. Ils aspirent à être satisfaits, comblés, quasi immédiatement. Leur ITPI, qui agit, dans cette dynamique, comme un autosaboteur, leur laisse croire que le refus est circonstanciel, dû à de la mauvaise volonté de la part de l'autre, et qu'il suffit d'insister ou de demander ailleurs pour obtenir satisfaction.

« Quand je refuse quelque chose à mon mari, il ne se décourage jamais. Il insiste, passe de la séduction aux menaces indirectes, essaie de me convaincre... et obtient toujours ce qu'il veut. J'ai beau refuser, dire que ce n'est pas mon désir, prétendre que je suis fatiguée, qu'il est trop tard, il insiste quand même. Ma passivité l'irrite, il veut que je manifeste le même intérêt ou désir que lui. Il ne supporte pas que je puisse le frustrer. Il m'a même dit un jour : "Quand je t'ai rencontrée, je me suis dit : celle-là, elle ne me refusera rien." Je dois me conformer à cette image que je lui ai donnée. Je sens qu'il pourrait devenir très violent si je me dérobais à ses attentes. »

« Mon patron n'accepte pas la moindre opposition. Quand il a décidé quelque chose, nous devons tous collaborer à son idée. Sa phrase favorite : "Je vous paie pour ça !" »

L'ITPI, qui, chez la plupart des êtres humains (du moins dans notre culture), diminue un peu autour de l'âge de deux ou trois ans, lors de la rencontre du principe de réalité, a tendance à réapparaître dans au moins trois circonstances : quand la rencontre amoureuse se transforme en relation de couple (tendance à penser que l'autre, s'il nous aime, doit répondre à nos attentes) ; dans la vie professionnelle (illusion, chez le directeur ou responsable, de croire que ce qu'il va dire ou demander sera tout de suite entendu et respecté) ; et chez les grands vieillards en fin de vie qui acceptent mal la dépendance dans laquelle ils sont et veulent mettre l'entourage à leur service (et deviennent insupportables !).

Ouverture et passage

Je n'ai pas toujours le pouvoir d'influencer la réalité qui m'entoure. Mais, même quand je ne suis pas dans un rapport de force favorable, je peux apprendre à ne pas imposer mes demandes, à renoncer, à différer ou à déplacer mes attentes vers d'autres enjeux.

L'autojustification préventive

En toute circonstance, ou du moins dans de nombreuses situations, et avant même d'être mis directement en cause par quelqu'un ou de commencer à recevoir l'ombre d'une récrimination, certains s'imaginent qu'ils pourraient être critiqués ou qu'on pourrait leur adresser un reproche. Alors, ils commencent à produire, dans leur tête, des justifications sans fin, toute une série de réponses explicatives, et à développer une argumentation bien étayée sur leurs intentions et leurs mobiles. Ils construisent des scénarios (disant ceci, ou se voyant faire cela) pour démontrer leur bonne foi : « Si le patron m'en veut ou me reprend parce que j'ai contré sa proposition lors de la dernière réunion, je lui dirai que c'est lui-même qui nous a invités à être francs avec lui. Après tout, je n'ai fait que lui obéir ! »

« Il ne faut pas que mes collègues croient que ma demande d'avoir une pause-café chaque matin est un passe-droit que je réclame pour moi seule. C'est aussi pour eux ! D'ailleurs, dans mon emploi précédent, je n'ai même pas eu besoin de demander, c'était automatique, on sortait vers dix heures trente et le patron y trouvait son compte, car on était ensuite très disponibles… » Sitôt que sa culpabilité est éveillée, ce monologue peut se poursuivre, se peaufiner et se répéter plusieurs fois par jour dans la tête de l'intéressée.

Ce collègue me racontait comment, dans un groupe de supervision, il avait lui-même créé le piège dans lequel il s'était enfermé pendant plusieurs semaines. « J'animais depuis quinze ans des groupes de formation à l'analyse transactionnelle. Un jour, j'ai reçu une lettre d'une ancienne stagiaire. Elle m'accusait de l'avoir séduite au cours d'un stage et de lui avoir fait des propositions de rencontres sexuelles. J'ai été en état de choc et de doute devant cette accusation, comme si les mots avaient été les faits. Comme si, puisque quelqu'un l'affirmait, ces faits avaient vraiment eu lieu. Je me suis aussitôt mis à échafauder tout un système de défense et de justifications pour démontrer que ce qui m'était reproché ne pouvait pas avoir eu lieu, étant donné ma façon de travailler, toujours en groupe, sous le regard de chacun, sans avoir de contact personnel avec l'un ou l'autre… Durant plusieurs semaines, j'ai ainsi bâti des scénarios qui mobilisaient l'essentiel de mes pensées et empoisonnaient toutes mes réflexions. Je me voyais déjà faisant face à un jury, à un groupe accusateur constitué de collègues, de professionnels, de tout un ensemble de participants qui confirmaient l'accusation dont j'étais l'objet, ce qui me contraignait à développer une argumentation détaillée et passionnée pour me défendre d'une chose que je n'avais pas commise. Ces ruminations se transformaient en discours lancinants. Je leur répétais, et leur répétais encore, que je ne travaillais pas en relations individuelles mais toujours en groupe, sous les yeux de tout le monde, que je me gardais bien de dormir sur les lieux où se déroulaient les stages, que j'évitais les tête-à-tête, les échanges trop personnalisés, que je donnais mes rendez-vous dans des lieux publics, café ou restaurant, tellement j'étais habité par la peur que l'on puisse imaginer ou penser que je voulais "draguer", ou être seulement demandeur d'une relation plus intime. Je suis aujourd'hui stupéfait, ajoutait cet homme, de constater comment cette seule accusation m'a déstabilisé, a mobilisé toutes mes énergies, a suscité toute une production fantasmatique pour me justifier alors que je n'avais rien à me reprocher ! »

Nous voyons comment, dans ce cas, l'image de lui-même qu'avait cet homme trônait au centre de tout un dispositif défensif destiné à barrer la route à tout jugement de valeur, à tout étiquetage sur sa conduite, à tout discours sur lui qui ne correspondrait pas à sa perception. Certains tentent de faire la preuve qu'ils ne sont pas tels qu'ils sont vus ou perçus et s'enferment dans tout un mécanisme d'autojustification qui se met automatiquement en marche dès qu'ils sentent un regard ou une appréciation portés sur eux.

Il m'est arrivé, dans ma propre pratique de formateur en relations humaines, deux histoires encore plus folles. Si la première s'est facilement résolue, la seconde a été plus difficile à vivre. Je l'évoquerai à la page suivante. Dans le cas de la première, un mari furieux m'avait téléphoné, puis harcelé de lettres durant trois mois. Selon lui, « si sa femme était devenue lesbienne, c'était de ma faute. Si elle n'avait pas fait de stages de formation avec moi, rien ne serait jamais arrivé et ils seraient encore aujourd'hui un couple uni. » Or, il se trouvait que je ne connaissais nullement cette femme qui, durant toute une année scolaire, avait laissé croire qu'elle était inscrite à un cycle de formation à l'entretien que j'animais à cette époque. Il est vraisemblable que ces prétendus stages lui avaient servi d'alibi pour justifier ses absences au cours desquelles elle rencontrait sa partenaire préférée.

Dans les premiers temps, et en dépit des faits, incontestables, je me suis quand même senti à la fois coupable et persécuté devant cette accusation. J'ai été tenté de fournir à cet homme toutes les preuves dont je disposais pour me couvrir et lui prouver que sa femme n'avait jamais participé à aucun de mes stages.

Heureusement, je me suis ressaisi en me rappelant (en m'y accrochant) le garde-fou de la déontologie, celui du secret professionnel. J'ai alors conseillé à cet homme de questionner sa femme, de l'inviter à témoigner de son vécu durant les stages qu'elle avait prétendument faits, de vérifier avec elle son inscription, de lui demander l'attestation qu'elle devait avoir en sa possession si elle y avait participé, ainsi que le reçu relatif au règlement des frais de formation.

Je n'ai plus jamais entendu parler ni de l'un ni de l'autre.

Ouverture et passage
**Quand nous prenons la liberté de nous montrer,
nous prenons aussi le risque d'être vus et donc d'être
perçus autrement, soit différents de la façon dont nous
nous voyons ou nous percevons nous-mêmes. Il nous
appartient de laisser ce regard, cette perception chez l'autre,
comme lui appartenant, pour ne pas trop nous
polluer avec cela, en sachant qu'il est aussi des métiers
(ou des conduites) à risques, dans le sens où nous
devenons, lorsque nous les pratiquons, des surfaces de projection
pour des sentiments positifs ou négatifs disproportionnés.**

La peur de se faire avoir, ou le besoin de garder à tout prix le contrôle de la situation

Il y a quelques années, une situation de pollution relationnelle m'a entraîné aux limites du désespoir.

Une femme m'a téléphoné, puis écrit, puis a demandé à me rencontrer. Je n'ai pas répondu à cette dernière demande. Par la suite, elle a exigé de vivre avec moi à partir d'une rencontre qu'elle avait construite. Elle prétendait m'avoir vu lors d'un spectacle : « Je vous ai croisé juste avant le début d'*Aïda*, à Orange… et, instantanément, j'ai su que j'avais trouvé l'homme de ma vie. Je suis sûre que ce n'est pas le conférencier, l'écrivain, le psychosociologue qui m'a vue, précisait-elle, mais l'homme. »

Par un déplacement et un retournement de la situation, ce n'était plus elle qui me voyait, mais moi qui l'avais vue. Elle m'attribuait son propre désir ! « Vous m'avez regardée et j'ai su tout de suite que vous étiez venu, ce soir-là, pour moi. »

C'est à partir de cette projection qu'a débuté une situation complètement folle dans laquelle, quoi que je puisse dire, affirmer, recadrer, tout était entendu, repris et réduit à une équation fort simple : « Je sais qu'au fond de vous-même, et même si vous ne le savez pas encore, je suis importante pour vous, et comme moi aussi j'ai envie d'avoir une relation intime avec vous, je ne vois pas pourquoi vous vous privez de cela. » Cette personne passait ainsi du nous au vous, me prêtant des sentiments et des intentions, m'englobant dans un projet dont elle était la seule initiatrice.

Ce que je voudrais mettre en évidence ici, ce n'est pas tant le harcèlement dont j'ai été l'objet que ma propre production persécutrice (persécutoire). Car, à partir des quelques éléments que je viens de décrire, j'ai anticipé dans ma tête une multitude de faits qui ne se sont pas réalisés, mais que je tentais de contrer en imaginant à l'avance ce qu'il faudrait dire, ne pas dire, faire, ne pas faire, pour ne pas me laisser « avoir ». À la limite d'un délire paranoïaque, je vivais, à temps plein, une persécution qui, même sans fondement réel dans les faits, semblait présente à tout instant. C'est à partir de cette période que j'ai pris conscience qu'un de mes saboteurs préférés s'appelait : « surtout, ne pas se faire avoir ». Et que ce saboteur avait un jumeau qui s'appelait : « surtout, ne pas laisser croire à l'autre qu'il m'a eu ».

Nous sommes là aux portes de la folie et d'une forme de délire à basbruit : même si les certitudes de cette femme étaient les purs produits de ses fantasmes tout droit sortis de son seul imaginaire, même si elles ne se sont jamais concrétisées dans une réalité matérielle, elles sont devenues incroyablement énergétivores, « bouffeuses » de créativité, consommatrices du présent.

De prétendues « réalités » quasi hallucinatoires et produites par d'autres à notre sujet peuvent nous empêcher de vivre et de savourer l'instant, et nous rendre prisonniers de notre propre production imaginaire prompte à échafauder ce qui pourrait se passer si...

Les thérapeutes, les accompagnants ou les personnages publics sont exposés à de tels risques. En psychanalyse, on appelle ce phénomène «transfert passionnel» (qu'il soit amoureux ou haineux, hétérosexuel ou homosexuel). Freud, en son temps, en a parlé comme de «petites explosions de laboratoire».

Ouverture et passage
L'enseignement que j'ai tiré de cette expérience:
ne jamais prendre les mots pour les choses,
ni l'expression d'un ressenti personnel et intime
pour une réalité transmissible, même si elle est vécue
comme vraie par celui ou celle qui l'éprouve.

Les accusations et mises en cause récurrentes de l'autre

Si nous acceptons l'idée que nous sommes toujours trois dans une relation: l'autre, moi et la relation, si nous acceptons que cette relation a toujours deux extrémités, nous voyons qu'il est possible de nous responsabiliser à notre propre bout de cette relation. Mais nous adoptons rarement cette attitude, nous cherchons plutôt à mettre l'autre en cause en parlant, pensant ou faisant pour lui. Cet aspect des relations humaines est lié à la tentation, très fréquente chez certains, de vouloir penser au bout de la relation qui est chez l'autre, à vouloir l'impliquer plutôt que de s'impliquer soi-même devant lui.

«Les désirs, les regrets, les déceptions, les nostalgies, les récriminations, les plaintes en nous forment un chœur antique qui cherche une victime, si possible externe, à lyncher!» nous rappelle Pascal Quignard dans son magnifique ouvrage *Vie secrète* (Gallimard, 1998).

En accusant l'autre, en le mettant en cause, en le rendant responsable de ce qui nous arrive, nous faisons l'économie d'une interrogation sur nous-mêmes, sur cette part de notre propre responsabilité qui est engagée dans ce qui a pu se passer entre l'autre et nous.

Ainsi, quand nous affirmons: «Tu m'as fait passer pour un idiot l'autre jour chez nos amis», nous évitons, d'une part, de dire ce que nous avons entendu venant de l'autre et, d'autre part, ce qui a été touché en nous et à partir de quoi nous avons pu penser ou sentir que notre partenaire nous prenait pour un idiot.

Il est plus facile de dire : « Tu ne comprends rien, on ne peut pas discuter avec toi, tu veux toujours avoir raison, tu es vraiment insupportable... » que d'oser se positionner, maintenir une affirmation en apposition (et non en opposition) face au point de vue ou à la perception de l'autre : comment puis-je m'y prendre pour être entendu par mon interlocuteur ? Ce qui ne veut pas dire qu'il doit être d'accord avec moi.

Je sais qu'il n'est pas facile (surtout si l'on est frustré) de se positionner en disant : « Je vis mal notre relation, car j'ai le sentiment que je suis toujours celui qui fait des avances, qui propose des gestes de tendresse, des amorces d'échanges intimes, j'ai des doutes sur notre relation », et qu'il est très tentant de dire, par contre : « Tu ne me caresses jamais, tu n'as jamais d'attentions tendres avec moi, tu n'as jamais de désirs. Qu'est-ce que tu fais donc avec moi ? » Mais tout dépend de deux choses : voulons-nous « saboter » la relation et la mettre en difficulté ou, au contraire, désirons-nous qu'elle évolue d'une façon plus harmonieuse ?

Comment puis-je affirmer mon point de vue en le *confrontant* à celui de l'autre si je recherche l'affrontement en mettant l'autre en cause ou en le disqualifiant ?

Ouverture et passage

Nous sommes toujours trois dans une relation : l'autre, soi-même et la relation qui nous relie. Je ne suis responsable que de mon bout, c'est-à-dire de mes sentiments, de mes émotions, de mon vécu, de mes croyances, et je peux seulement inviter l'autre à s'interroger sur sa propre responsabilité dans le « nourrissement » de cette relation.

La pratique de la pensée magique

La pensée magique est un mode de représentation séparé de la pensée logique et rationnelle (ou parallèle à elle). Elle consiste à croire que la réalité va se modeler sur nos attentes, ou que notre propre pensée va transformer la réalité pour nous permettre d'éviter une déception, de traverser une difficulté, de faire l'économie d'une contrainte ou d'échapper à une fin de non-recevoir.

La pensée magique est très présente chez le petit enfant et persiste dans de nombreuses circonstances à l'âge adulte. « Si j'ai un neuf en récitation, pense l'enfant, peut-être que ce soir papa ne se disputera pas avec maman ! » ou « Si je travaille bien en classe et que j'ai une bonne note, peut-être que mon père n'aura pas bu ce soir ! » « Si j'arrive jusqu'au coin de la rue sans marcher sur les fissures du trottoir, se dit l'adolescent, peut-être que Noémie me dira qu'elle m'aime ! »

La pensée magique, ou superstitieuse, est très sollicitée chez les joueurs, les accros de la roulette, de la loterie et autres jeux dits de hasard. Elle se développe dans des rituels et des symbolisations qui sont censés la renforcer et lui donner plus d'efficacité.

Elle s'emballe parfois au début d'une relation amoureuse. « Si ce pigeon se pose encore une fois au bord du toit, je suis sûr qu'elle va me téléphoner pour me proposer de sortir dimanche prochain. » « Quand j'ai regardé sa photo ce matin, j'ai senti qu'il me souriait, comme s'il allait me faire une surprise... » « Si je pense très fort à lui et que je lui envoie plein de pensées positives, je suis sûre qu'il va me revenir ; il ne peut pas me quitter, je sais qu'il m'aime encore, je le sens. »

La pensée magique participe à la constitution du mythe harmonieux du couple : « La plaque d'immatriculation de sa voiture avait les mêmes numéros que le jour et le mois de ma naissance (ou bien, variante : elle avait pour lettres mes initiales). » « J'ai su tout de suite qu'il était fait pour moi (ou moi pour lui) lors de notre première sortie en montagne avec des amis ; nous avons bien ri, Loïc et moi, au moment de nous installer dans le dortoir du refuge : nous avions exactement les mêmes sacs de couchage, la même marque, la même couleur. J'y ai vu un signe du destin ! »

La pensée magique subsiste à tout âge et surgit dans les moments de crise, de désarroi.

« Si ma fille sort de l'hôpital sans séquelles, je jure que j'arrête de fumer ! »

« Si mon enfant vit, je quitte ma petite amie et je reviens à ma femme ! »

« Un jour, c'est sûr, je vais gagner le gros lot. D'accord, je ne prends pas souvent de billets, mais si je tombe une fois, une seule fois sur quelqu'un qui porte le même nom que moi, je lui demande de choisir un billet pour moi. Ce sera le gagnant ! »

La pensée magique a beaucoup été utilisée par la plupart des grandes religions. On recherche dans certains lieux (chapelles, églises, sanctuaires, lieux de pèlerinage) les signes qui confirment que Dieu ou ses saints pensent à nous, prennent soin de nos proches et vont se charger de résoudre nos problèmes.

Que la pensée magique soit présente dans l'enfance est tout à fait compréhensible, tant le décalage est immense entre le monde de l'enfance et les réalités de la vie. Elle permet à l'enfant d'affronter la part d'inconnu et de mystère qui l'entoure. « Ma maman, elle est au ciel et papa m'a dit qu'elle me voyait bien travailler à l'école. » « Grand-père est parti au paradis, moi aussi, j'irai un jour au paradis et comme ça on se reverra et on continuera à parler des ours et des baleines. » « Je sais que ma maman ne peut pas redescendre du ciel, mais s'il y avait une grande échelle, une échelle assez longue, alors oui elle pourrait. Une fois j'ai rêvé que j'avais des pouvoirs, je pouvais faire redescendre maman du ciel sans échelle. Mais quand je me suis réveillée, je ne l'ai plus revue. Je l'ai cherchée dans toute la maison et je ne l'ai pas trouvée. Je me suis dit que ce n'était qu'un rêve, et quand je me suis rendormie, je l'ai revue, elle était dans le jardin et me souriait. Je savais qu'elle n'était pas perdue. »

Mais quand, à l'âge adulte, cette pensée s'érige en système privilégié de représentation, elle nous infantilise, en quelque sorte, et nous entretient dans l'illusion durable que soit la solution est chez les autres, soit elle dépend de notre seul vouloir, sans que nous ayons à nous mobiliser pour changer la situation dans laquelle nous nous trouvons. En période de guerre, de chaos politique, comme durant la période qui suit la libération d'un pays, la pensée magique atteint beaucoup de personnes (bien que nous sachions qu'il n'y a pas de paix durable fondée sur des illusions). Mais ces personnes ne peuvent s'empêcher de se dire : « Maintenant, nous avons compris, plus jamais il n'y aura toutes ces horreurs, parce que les hommes ne voudront plus faire la guerre, c'est certain. »

La pensée magique est un frein à la responsabilisation et peut nous entraîner à nous déresponsabiliser face à la réalité, en nous maintenant en dépendance vis-à-vis de l'arrivée prochaine de l'« oncle d'Amérique providentiel, du hasard ou des dieux » que nous implorons et qui vont prendre en charge le devenir de l'avenir.

Ouverture et passage
Il m'appartient d'accepter d'être responsable de tout
ce que j'ai à faire à partir de ce qui surgit dans ma vie.
Il y a ce qui m'arrive, ce qui est touché, réveillé ou blessé
en moi, et il y a ce que j'en fais. Et, vraiment, si je tiens
trop à la magie de mes pensées, j'aurai quand même
à m'interroger sur les manques, les carences ou les failles
que la fuite dans l'imaginaire me permet de colmater.
« Je sais qu'il m'arrive de passer sous une échelle.
Juste pour voir », nous dit Ita Naga.

(CHEYNE ÉDITEUR, 2006)

*Continuer à fréquenter assidûment ceux qui nous font
du mal en prétendant que c'est pour notre bien, et qui
n'hésitent pas à déposer sur nous des messages toxiques*

Quand un ami (ou pseudo-ami) vous dit, avec un sourire bienveillant:
« J'ai hésité à t'en parler, mais je crois qu'il vaut mieux que tu saches; tu
sais ce que m'a dit de toi quelqu'un qui te connaît bien? », soyez sur vos
gardes. Surtout lorsque, sans attendre votre réponse, il ajoute: « Il m'a dit
qu'on ne pouvait pas te faire confiance parce que tu étais trop égoïste et
que tu ne défendais que tes intérêts. » Eh bien, ne soyez pas naïf au point
de croire que cette personne vous veut du bien!

Une connaissance vous appelle au téléphone à dix heures du soir
pour vous livrer, avec les meilleures intentions du monde, un message
toxique: « Ah! tiens, au fait, l'autre jour j'ai vu ton mari avec une femme
que je ne connais pas. Ils se tenaient par l'épaule, ils avaient l'air de bien
se connaître, je pense que tu dois être au courant, c'est sûrement une
amie commune à vous deux… »

Si vous recevez de tels messages destinés à vous déstabiliser, à vous
angoisser ou à vous faire réagir, je vous invite, d'une part, à ne pas les
prendre pour vous, d'autre part, à demander à la personne qui vous parle:

« Qu'est-ce qui a été touché chez toi quand tu as vu ce que tu me
rapportes?

– Mais… si je te le dis, c'est pour toi, parce que tu es mon amie !

– Oui, j'entends bien, mais c'est toi qui es en face de moi ! Alors, acceptes-tu de me dire ce que tu as ressenti ? Peux-tu me parler de toi à propos de cet événement ? Si je suis ton amie, je peux entendre ce qui t'a ébranlée au point que tu souhaites le partager avec moi ! »

Il y a aussi des messages à double sens, dont l'un des sens annule le message initial.

« Je t'inviterais bien ce week-end, mais tu vas encore trouver que je ne suis pas la femme qu'il te faut ! »

« Comme je sais que tu es fatigué, j'ai préféré te laisser seul. De toute façon, je ne savais pas si tu étais chez toi, j'ai appelé au hasard, je croyais que tu étais déjà parti. »

Il y a aussi le père répondant à sa fille qui lui demande la permission de sortir : « Mais fais ce que tu veux, tu es libre ! » mais qui le lui dit avec un geste de rejet, en se détournant. En fait, il lui envoie le message suivant : « Si tu fais ce que tu veux, tu seras rejetée par moi ! »

« Est-ce que tu m'aimes ? » demande l'un, et l'autre de répondre avec un geste d'agacement : « Mais bien sûr que je t'aime, qu'est-ce que tu vas chercher là ? Je ne resterais pas avec toi si je ne t'aimais pas ! »

Il y a aussi les fausses préoccupations ou les fausses compréhensions qui sont destinées, en fait, à banaliser ou à nier le problème. « Je sais ce que tu penses, qu'il faudrait que je sois plus souvent à la maison, que je m'occupe davantage des enfants, que je sois plus attentif, mais que veux-tu, on ne se refait pas, je suis comme ça et, au fond de moi, je sais que tu m'aimes comme je suis ! »

Et il y a celui qui pense ou décide pour vous et qui vous définit en vous faisant entrer dans ses demandes : « Ah, si je t'écoutais, on ne sortirait jamais, je sais qu'il faut peu de choses pour te fâcher, mais, pour une fois, tu pourrais faire un effort ! »

Ouverture et passage
Quand je pressens qu'une relation peut être énergétivore pour moi, il m'appartient de trouver la bonne distance pour ne pas me laisser polluer ou contaminer, et pour rester le plus moi-même.

S'approprier le malheur d'autrui

Pour certains, prendre sur eux la peine de l'autre, s'approprier le malheur d'autrui et tenter d'en prendre soin sont des activités à plein temps. Mais en souffrant à la place de l'autre, en s'identifiant aux difficultés ou aux déboires d'un ami ou d'un inconnu, ces personnes font l'économie de s'occuper d'elles-mêmes. Elles évitent ainsi d'avoir à se pencher sur leurs propres interrogations et blessures. Ceux qui pratiquent ainsi la dynamique de l'éponge (tout absorber) se polluent, car ils absorbent tout, le bon et le moins bon. En conséquence, à l'intérieur d'eux-mêmes (transformé en poubelle vivante), rien n'est plus bon !

« Si vous saviez ce que j'ai ressenti quand j'ai appris que des gens avaient sauté dans le vide avant que les tours ne s'effondrent ! Je n'en ai pas dormi, je me disais que si c'était arrivé à mes enfants, je serais devenue folle. »

Il faut bien sûr se garder de confondre ces autosaboteurs avec les gens qui éprouvent une véritable compassion. Ces derniers font bien la différence entre ce qui arrive à l'autre et ce qu'ils ressentent : émotion, amour et disponibilité envers cette personne qui vit une souffrance ou une difficulté. Compassion qui se double du désir, non de prendre le malheur sur soi, mais d'être présent, d'accompagner la personne qui souffre pour lui permettre de traverser l'épreuve.

Les autosaboteurs, qui parasitent de nombreuses relations, recueillent toujours des bénéfices secondaires, on le verra tout au long des anecdotes qui vont suivre. En s'appropriant le malheur ou les difficultés d'autrui, ces personnes donnent à leur vie de l'intérêt ; ils la redynamisent, la sortent de la monotonie ou de la banalité.

Ouverture et passage

Ce n'est pas en prenant sur moi la souffrance des autres que je diminue cette souffrance. Je ne fais tout au plus qu'éviter de rencontrer la mienne.

L'attirance irrésistible de l'échec

Pour certaines personnes, réussir n'est pas l'enjeu le plus important. Pour elles, ce qui compte, c'est la lutte, le combat, et plus encore la conquête en tant que telle. Non pas la réussite, mais la conquête et, aussi paradoxal que cela puisse paraître, la chute. L'attirance de la chute, de l'échec, pour pouvoir reprendre le combat, se battre, lutter à nouveau ! Ces personnes-là sont entreprenantes, pleines de projets sérieux, concrets, qui aboutissent et donnent l'image d'une belle réussite, pour s'effondrer, plus tard, en quelques semaines.

Cet homme avait créé vingt et une entreprises au cours de sa vie, dans des domaines aussi différents que la coupe de bois, la papeterie, l'emballage, les moyens de distribution ; il était devenu grossiste en foin, responsable d'un élevage de poulet, directeur d'un parc de loisirs, etc. Chaque fois, il ressortait de ces aventures, après que l'entreprise eut atteint son apogée, complètement ruiné, sans le moindre revenu. Mais en quelques mois, il était capable de recréer une nouvelle structure en mettant (comme chaque fois) tous les atouts de son côté, mais en continuant à ignorer cette attirance vertigineuse vers l'échec qui l'obligeait, le poussait à saboter son travail pour pouvoir recommencer à zéro.

Cette attitude peut se manifester dans certaines relations amoureuses, où l'enjeu réel reste la conquête et la prise de possession. « Mon frère, je ne sais pas comment il fait, car il a un physique ordinaire, attire des femmes splendides, avec qui il se pavane partout. Il se montre prévenant, paraît amoureux et, chaque fois, je suis persuadé que c'est la bonne, que celle-là, il va enfin la garder ! Puis, au bout de quelques semaines, elles me téléphonent pour me conter leurs malheurs ou leurs déceptions, avec le même discours : "Je ne sais pas ce qui se passe, ton frère semble m'ignorer de plus en plus, il manque des rendez-vous, est absent même quand il est présent. Il ne me refuse rien, mais me donne le sentiment que ce qu'il m'offre n'a pas de valeur. Tout est devenu machinal, dévitalisé." »

« Tout le monde me le dit, j'ai tout pour être heureux, et je le suis souvent. C'est ça qui ne va pas : je ne suis plus à ma place quand je suis bien ; c'est un autre qui semble en bénéficier, pas moi. Cela me devient vite insupportable. Alors, il faut que je critique, que je démolisse. C'est incroyablement facile, comme si j'avais un mécano dont il suffit d'enlever une pièce pour que tout s'effondre. Et je sais très bien quelle pièce enlever ! »

« J'ai besoin d'aller vers l'échec, j'ai le sentiment que cela va me redonner confiance. Je ne suis pas abattu, je retrouve aussitôt mes capacités à mettre mes ressources à l'épreuve. Quand je suis en haut, je suis vidé, inconsistant, c'est insupportable. Je ne m'aime pas satisfait. »

> *Ouverture et passage*
> **Le bien-être et le plaisir ont des enjeux complexes,
> dont certains concernent beaucoup plus les difficultés
> à affronter et à traverser que les réussites à vivre.**

Le vertige du succès et la tentation si attirante de l'échec

Les autosaboteurs suivants ressemblent beaucoup aux précédents, mais ils s'en différencient dans le sens où leur cheminement se développe avec une dynamique différente : toute réussite leur est insupportable.

Certains ne peuvent supporter la réussite. Ils sont capables de mobiliser des énergies et des ressources considérables pour tenter d'obtenir un résultat, d'atteindre un but, de gagner beaucoup d'argent, d'être nommés à un poste important ou d'obtenir ce qu'ils désirent, puis, lorsque le résultat escompté ou le statut qu'ils ont brigué leur est acquis, ils se conduisent comme si la réussite leur était insupportable.

« Durant cinq ans, j'ai rêvé de diriger ce service, j'ai tout fait (j'étouffais) pour obtenir ce poste, mais quand je l'ai eu, j'ai senti que je n'étais pas à ma place. Je n'étais plus moi-même. Alors, j'ai demandé à être nommé à l'étranger et à reprendre mon premier poste. »

« Pendant plusieurs mois, nous avons été, mes deux cousins et moi, en compétition pour obtenir l'amour et la main d'une même femme. J'ai été l'heureux gagnant (aujourd'hui, j'ai honte d'utiliser de tels mots pour dire qu'elle s'est abandonnée et a accepté de se fiancer avec moi !). Quinze jours avant le mariage, j'ai fui. Ce fut un drame terrible pour elle, elle ne me l'a jamais pardonné, et aujourd'hui, vingt ans après, je ne sais toujours pas ce qui a motivé ma décision. Je l'avais tellement désirée, tellement aimée ! Mais me marier avec elle aurait été un échec. »

Avec le succès, le but atteint, s'installe tout un processus insidieux de sabotage : un enchaînement de coïncidences malheureuses et de prises de décisions inadéquates, inconsidérées ou inconsciemment maladroites qui vont se révéler désastreuses et déclencher une chute, une éviction ou un rejet et finir par aboutir au bout du compte à une faillite, une catastrophe, une déchéance qui, paradoxalement, seront vécues comme un soulagement par celui qui les a déclenchées.

Une variante de ce cas de figure se retrouve chez certains sportifs qui obtiennent de bons résultats à l'entraînement mais perdent une partie de leurs moyens en compétition. On le voit aussi chez des étudiants brillants qui échouent de manière apparemment inexplicable à leurs examens de fin d'études, ou qui n'arrivent jamais à présenter leur mémoire, à passer leur doctorat ou le concours final. Comme si l'éventualité de leur réussite leur pesait, réveillait chez eux un sentiment de culpabilité, une dette. Il est parfois nécessaire d'explorer les enjeux liés aux loyautés invisibles qui les paralysent au niveau inconscient, quand ils ont l'impression de trahir l'un ou l'autre de leurs parents (s'ils réussissaient mieux qu'eux !), quand ils pensent que la réussite va les éloigner de leurs proches, les amener à changer de milieu social ou à affronter de nouveaux défis, masqués jusque-là par la course à la réussite !

Ainsi, le besoin de se mettre en difficulté au moment où tout réussit peut être considéré aussi comme un demi-autosaboteur, « demi » parce que la mise en place de ce saboteur va révéler et mobiliser des ressources qui, autrement, n'auraient pas été disponibles. Ce saboteur va nous donner une énergie considérable pour affronter tous les obstacles ainsi déclenchés (par la mise en échec) et nous rendre extrêmement efficaces pour sortir de la situation et la retourner quand même à notre avantage, jusqu'au prochain dérapage.

Chez certains, il y a comme un besoin compulsif de se mettre tout le monde à dos, d'être rejetés par l'entourage. Ils veulent déclencher la foudre afin de pouvoir retrouver toutes leurs possibilités, puiser dans toutes leurs ressources. Tout se passe comme si, face à l'incompréhension du monde, toutes leurs potentialités se réveillaient.

Le fait de se marginaliser, « d'avoir le monde entier contre soi », alimente une image de soi qui va tenter de s'imposer aux autres, de faire la preuve que l'on est mieux que ce que les autres pensent de nous (même si on s'est arrangé pour qu'ils en pensent le plus de mal possible !). C'est à ce prix que s'opère la différenciation quand elle est construite à partir d'une identité aux contours flous et peu délimités. La peur d'être englouti ou sous l'emprise de l'autre nous amène parfois à marquer exagérément notre territoire identitaire !

> *Ouverture et passage*
> À qui ferai-je de la peine si j'ose réussir ?
> Qui vais-je mettre en difficulté si j'ose être heureux ?
> Qui sera catastrophé si je suis moi-même ?

L'envoi de messages répulsifs

Il arrive que nous ne puissions nous empêcher d'envoyer, que nous soyons enfant, adolescent, adulte, parent, professionnel, partenaire ou conjoint, des messages, des commentaires ou des remarques qui vont éloigner l'autre, souvent un proche, alors que justement nous souhaiterions l'inverse, à savoir un rapprochement, une meilleure compréhension de sa part.

« Je tenais beaucoup à cette relation, dira plus tard cet homme, mais je ne pouvais m'empêcher, devant ma famille et mes proches, de disqualifier mon amie, de me moquer d'elle, de mentionner devant les autres des aspects de son intimité. Toutes choses qui, je le savais, la blessaient. Je témoignais ainsi de mon appartenance à mon groupe d'origine, c'était comme si je leur disais : "Vous voyez, elle n'est pas importante pour moi, vous êtes tous mieux qu'elle !" Je l'ai perdue et j'en garde une nostalgie infinie. »

« Ma fille est venue me rendre visite après six mois de silence et, au lieu de lui manifester ma joie, mon plaisir, je me suis entendu dire, comme malgré moi : "Tu ne t'es pas fatiguée à m'écrire !" »

« Pendant des années, raconte une femme, je n'ai pu m'empêcher d'écrire à l'homme que j'aimais des lettres dans lesquelles je tentais de le culpabiliser de ne pas m'appeler, de ne pas m'écrire plus souvent ou de ne pas me proposer de nous voir plus fréquemment. Bien des années plus tard, il m'a confié que, chaque fois qu'il se rapprochait de moi, c'est justement à ce moment-là que je m'arrangeais pour lui envoyer un message qui le blessait et l'éloignait. Il devait entreprendre ensuite tout un travail de rapprochement, de ré-apprivoisement de moi, et quand il s'approchait à nouveau, je recommençais à l'accuser, à lui adresser des reproches, à le mettre en cause pour une insuffisance ou une autre… J'étais totalement inconsciente de mon comportement, qui le maintenait à distance alors que je voulais être plus près de lui ! »

« Ma mère, me confie cet homme, m'adorait et sollicitait souvent ma présence. Mais elle ne pouvait s'empêcher, une fois qu'elle m'avait à sa portée, sous sa main, de me critiquer, de me reprocher d'être ceci ou cela. Ce qui précipitait mon départ et la laissait amère et affligée. Elle était sincèrement désolée, mais ne saisissait pas le lien qu'il y avait entre sa façon de m'accueillir et mon besoin d'être accepté tel que j'étais. »

Et un autre raconte : « Mon désir le plus grand durant toute la période de nos fiançailles (qui ont duré trois ans) était d'avoir des moments d'intimité avec elle. Mais chaque fois que nous avions la possibilité de passer une soirée ou un week-end ensemble, je trouvais le moyen de m'engager ailleurs, de me laisser entraîner par un autre projet qui me déviait, me retardait, ou même m'empêchait de la voir. »

C'est souvent dans les relations les plus importantes, les plus proches et les plus intimes que nous adoptons les conduites d'autosabotage les plus efficaces.

« J'aimais beaucoup faire l'amour avec mon mari, mais chaque fois qu'il s'approchait de moi, j'émettais aussitôt un tas de conditions : il fallait que la lumière soit tamisée, qu'il y ait une bougie, qu'il se soit douché, qu'il me dise qu'il m'aimait, qu'il se soit lavé les dents… J'ai mis longtemps à comprendre que toutes ces conditions étaient vécues par lui comme des exigences, et surtout comme une infantilisation ("Tu n'es pas ma mère, me disait-il ; je sais que je dois me laver les dents !"). Mes remarques le décourageaient ou inhibaient son propre désir, ce qui me permettait de me convaincre qu'au fond il ne tenait pas beaucoup à moi. Je me disais que, si notre relation avait été importante pour lui, il aurait été sensible à mes demandes et aurait changé quelques-uns de ses comportements ! »

Pour tout ce qui touche à la sphère de l'intimité, nous sommes, plus souvent qu'on ne l'imagine, de redoutables saboteurs, car nous nous arrangeons pour éloigner ce que nous désirons le plus, pour refuser ce que nous voulons, pour minimiser ce qui nous paraît important.

> *Ouverture et passage*
> Si j'ai peur d'être abandonné, je ne vais pas pouvoir
> m'abandonner à ce qui me vient de l'autre.

Surtout ne pas demander, attendre que l'autre comprenne notre demande sans avoir à l'énoncer

« Si je suis obligé de demander, ce que l'on va me donner n'a plus de valeur, car si on m'aimait vraiment et si on tenait réellement à moi, on me donnerait spontanément ! »

Tout se passe chez cette personne comme si le fait de demander était trop coûteux. « Quand je demande, j'ai l'impression d'être un mendiant, mais au fond de moi, je crois que je ne supporterais pas qu'on repousse ma demande, qu'on me dise non. Alors je m'interdis de demander, je préfère me priver. »

Certains préfèrent rester dans la croyance suivante : « Si je suis important pour l'autre, il doit entendre mes demandes sans que je les formule… » Ainsi, il y a des attentes silencieuses qui sont d'une violence inouïe, car elles « exigent » implicitement de l'autre quelque chose qu'il ignore et à quoi il ne peut répondre. Et il ne sait pas qu'il suscite ainsi des sentiments très négatifs à son endroit.

« Demander, c'est s'abaisser », me disait cette femme qui, très tôt dans l'enfance, après une déception dans sa relation avec son père, s'est donné le mot d'ordre suivant : « Moi, je ne demanderai plus jamais rien à personne, comme ça je n'aurai pas à souffrir. »

Il faut beaucoup de liberté intérieure pour demander en prenant le risque d'avoir une réponse (positive ou négative) de l'autre. Liberté trop souvent limitée, soit par la répression imaginaire (voir plus haut), soit par cet autosaboteur lié à une croyance infantile que l'autre « devrait », s'il nous aimait vraiment, entendre nos demandes non exprimées !

Dans l'esprit de certains, une demande (pour obtenir une réponse) met dans la dépendance (de la réponse), et cette possibilité est vécue comme insupportable et comme donnant le pouvoir à l'autre de nous frustrer ou de nous obliger à reformuler la demande.

« Comme je n'aime pas demander, je me suis fixé, dans mes tentatives d'approche amoureuse, une limite : je ne fais pas plus de trois invitations. Je ne vais jamais au-delà. Après, c'est fini, et même si l'autre fait une tentative vers moi, je ne donne pas suite. Je sais qu'il y a quelque chose en moi, une pensée malsaine de l'ordre de la punition. Double punition : elle (qui n'a pas su entendre mes premières demandes), et moi qui me prive d'une relation qui aurait pu être bonne pour moi. Mais c'est comme ça. Je ne veux pas m'interroger plus loin, c'est à prendre ou à laisser. »

Se protéger, se barricader, se fixer des garde-fous, autant de moyens pour éviter de souffrir (du moins le croit-on), de ne pas blesser sa propre image (pour la préserver dans une zone de son imaginaire vulnérable), de conforter ses croyances (ancrages pour faire face, pour contrôler !).

Ouverture et passage

Si je ne prends pas le risque de demander,
parce que j'attends que l'autre comprenne la demande que
je n'exprime pas, je risque de passer une partie de ma vie
à lui reprocher de ne pas entendre les demandes que
je ne lui fais pas ! Si je veille soigneusement à ne rien accepter
d'autrui, je peux garder l'illusion d'une pseudo-autonomie
en ayant le sentiment que je ne dois rien à personne.
Autre prolongement : quand j'érige l'autoprivation en règle
de conduite, je ne dois pas m'étonner de vivre
une vie de frustration.

Le déni et la négation de sa responsabilité et de son propre ressenti

La dénégation est un mécanisme complexe qui consiste, avec toute l'apparence de la sincérité la plus convaincue, à ne pas reconnaître comme sien un ressenti personnel, un acte posé, une parole énoncée. Nous sommes capables de nier, avec une bonne foi réelle, un sentiment que nous avons éprouvé, sans pouvoir l'accepter, ou de nier l'impact en nous d'un acte, d'un comportement que l'autre a eu à notre égard.

« Tu n'as pas été blessé par cet article injuste sur toi ?

– Moi ? Pas du tout, tu sais, l'eau glisse sur les plumes du canard. »

« À l'annonce de la mort de ton ex-femme, j'ai remarqué que tu n'as pas bronché un instant.

– Tu sais, elle n'était plus rien pour moi.

– Mais vous avez eu trois enfants ensemble !

– Oui, mais ils sont grands maintenant. »

Certains peuvent refouler, avec tous les signes de la plus grande authenticité, l'impact d'une résonance, d'un retentissement, en eux, d'un événement qui les concerne directement ou qui les a touchés directement.

« Je ne me suis pas posé de question sur ma femme quand elle m'a abandonné. Elle devait en avoir assez de moi, *ciao*, bon débarras ! D'ailleurs, une femme qui fait cela ne mérite pas qu'on s'intéresse à elle ! »

« Quand j'ai avorté, je ne me suis pas posé trente-six mille questions. Il y en a qui en font toute une histoire… Moi, à partir du moment où je l'ai décidé, c'était comme si c'était fait. Le passé, c'est le passé. Il n'y a pas à revenir dessus. »

Le déni est le refus massif de reconnaître ce qui pourrait nous toucher ou concerner un aspect passé ou présent de notre vie. Par exemple, en évitant de remettre à jour une situation inachevée, de prendre le risque de réveiller une blessure ancienne, de laisser exploser la dimension émotionnelle d'une violence reçue.

Quand il permet de refouler la dimension désagréable, conflictuelle de notre passé, le déni nous entraîne à dépenser beaucoup d'énergie. En ce sens, il nous engage à produire des comportements écrans, réactionnels, de sauvegarde, pour empêcher le retour (inévitable de toute façon) du refoulé.

Cet homme me confiait comment la réalité l'avait rattrapé, malgré son déni. « Je disais souvent, en plaisantant : "Dans la rue, si j'entends quelqu'un crier 'Papa !' je ne me retourne surtout pas." Cela faisait rire mes amis et me rassurait sur l'improbabilité d'une telle aventure. J'avais eu dans le passé une relation avec une femme mariée. Elle m'avait quitté en m'annonçant qu'elle était enceinte de son mari. Cela m'avait surpris, mais sans plus, car elle m'avait dit que son mari et elle ne faisaient plus l'amour depuis des années. J'avais pensé un moment que l'enfant pouvait être de moi, mais je me suis rassuré en m'en tenant à ce qu'elle m'avait dit. Jusqu'à l'année dernière. Un soir, une jeune fille m'a appelé, me disant qu'elle était la fille de Marie et qu'elle voulait me voir à tout prix, puisque j'étais son géniteur. Ce sont les mots "à tout prix" qui m'ont fait peur, et j'ai refusé à plusieurs reprises de la rencontrer. Quand elle a débarqué chez moi, j'ai su tout de suite que c'était elle et qu'elle était bien ma fille. Mais je me suis mis en colère, j'avais envie de lui faire du mal. Elle venait non seulement troubler ma quiétude, mais elle rouvrait une vieille blessure qui s'est remise à saigner : ma propre fille aînée était morte quelques jours après sa naissance. C'est la violence de ma propre réaction qui m'a alerté et qui m'a réveillé. J'ai pu, par la suite, accueillir cette fille tombée du ciel. »

Le déni se manifeste par le biais de la réaction disproportionnée que nous avons par rapport à un événement ou à une situation, qui jouent le rôle de déclencheur. Une proposition banale, une demande sans enjeu apparent, une suggestion ou une affirmation lancée à la cantonade soulève alors une tempête, une fuite en avant, un repli, un blocage, qui sont justement les signes du déni.

Même le déni banal peut tenter de cacher des enjeux douloureux pour celui ou celle qui le proclame. Il peut se déplacer vers d'autres centres d'intérêt ou vers d'autres personnes.

« Ce n'est pas pour moi que je dis ça, c'est pour toi, tu le sais. Dans cette affaire, je ne pense qu'à toi ! »

« Moi, je suis heureux pour lui, par contre je suis malheureux pour elle. Je me demande ce qu'elle va devenir. C'est ça qui m'inquiète ! »

Le déni s'exprime parfois avec un aveuglement étonnant (détonant). La scène se passe à la cafétéria de l'entreprise où travaillent Françoise et Jeanne. Elles échangent quelques idées sur la différence entre le sens que peut avoir un message envoyé et le sens qui lui sera donné par celui qui le reçoit.

Françoise affirme « que c'est bien celui qui reçoit le message qui lui donne un sens, avec lequel il peut se faire souffrir ou non ».

Sa collègue lui répond qu'elle ne se vexe pas pour un message, même s'il est violent, qu'elle accepte que chacun puisse se dire, que cela la laisse indifférente… Elle ajoute qu'elle a, dans sa propre vie, un tas d'exemples…

Françoise lui propose d'en donner un. Jeanne hésite puis lui dit : « Bon… au hasard… Tiens, ma mère par exemple, pendant toute mon enfance, disait toujours la même chose pour nous calmer. »

Elle raconte l'histoire suivante :

« Nous étions quatre filles et, au moment des repas, on se chamaillait toujours. C'était des disputes sans fin ; on voulait toujours se mettre à la place qu'une autre avait choisie. Car nous n'avions pas de place déterminée, mes parents avaient horreur de ça. Aussi, à chaque repas, chacune de mes sœurs voulait la place d'une autre ! Et chaque fois, comme un rituel bien rodé, ma mère nous faisait taire en disant : "Votre place est au cimetière !" »

Françoise est abasourdie par la violence du propos ! Mais elle se contente de faire un « oh ! » de stupéfaction. Elle connaît le caractère réservé de sa collègue.

Jeanne a bien vu les yeux de son amie s'agrandir d'étonnement, et elle a aussi, semble-t-il, entendu son silence. Alors, elle ajoute : « Je vois que ça te choque, mais moi, je ne me suis jamais vexée pour autant ! Ma mère disait ça comme ça… Nous ne le prenions pas mal, nous la laissions dire, c'est tout ! »

Puis, pensive, elle dit : « Au fond, c'est bien le seul endroit où on peut être sûr d'avoir une place garantie, non ? »

Bien avant cet échange, Jeanne avait souvent évoqué son enfance. Françoise avait fait un lien que Jeanne n'avait probablement pas entendu. En effet, avant la naissance de Jeanne, sa mère avait eu un petit garçon qui était mort vers l'âge de deux ans. Un petit frère disparu (au deuxième rang de la fratrie) dans cette famille où il y avait quatre filles, dont deux nées après lui. Jeanne avait répété plusieurs fois à Françoise que ses parents ne parlaient jamais de l'enfant décédé. Que cela ne servait à rien de parler des morts, de toute façon, et que jamais, jamais on ne parlait de lui ! C'était le silence total, et aucune de ses sœurs n'aurait osé transgresser l'autorité paternelle (l'interdit venait du père), très puissante.

Sauf que… tous les jours aux repas (deux fois, peut-être trois fois par jour avec le déjeuner), quand il était question de s'asseoir à une place à table (un endroit où justement les places n'étaient pas distribuées, contrairement à ce qui se passait dans de nombreuses familles), la mère répétait à ses filles cette phrase étonnante : « Votre place est au cimetière ! »

On peut entendre là que le petit garçon dont on ne parlait pas était omniprésent, tant par l'absence d'une place attitrée pour chaque enfant autour de la table que par la réflexion renvoyant à « la place au cimetière ». Là où, peut-être, dans les confins de l'esprit de la mère aurait dû être la vraie place de ses filles, et non celle de son garçon mort !

Ouverture et passage
Qu'on s'interdise de le dire (avec des mots) ou qu'on le taise (avec des maux), ça parle quand même et parfois si fort qu'on ne l'entend pas toujours du premier coup !

Les injonctions envers soi-même

En nous donnant des ordres ou des missions, en décidant de respecter certaines obligations, en nous imposant des interdits, nous nous privons de beaucoup de ressources et nous nous infligeons des frustrations importantes qui nous entraînent à fonctionner et à vivre bien en deçà de nos possibles.

« À quatorze ans, je me suis senti trahi par une jeune fille (qui, dans un premier temps, avait prétendu m'aimer et avec qui j'avais commencé une relation) quand j'ai découvert qu'elle sortait avec un de mes meilleurs amis. Je me suis juré de ne plus jamais aimer, de ne plus jamais faire confiance à une femme qui me dirait : "Je t'aime." Bref, j'ai commencé à me méfier de l'amour. C'est ainsi que j'ai vécu près de quarante ans en fuyant des relations qui, avec le recul, je le pense profondément, auraient pu être bonnes pour moi et m'auraient permis de partager bonheur et bien-être avec une femme. »

« Quand j'ai osé dire à ma mère que je n'aimais pas grand-père, qu'il sentait mauvais et que ses gestes me déplaisaient, elle a eu une telle réaction de rejet vis-à-vis de moi que j'ai senti qu'il était dangereux de dire ce que l'on ressentait. J'ai appris très tôt qu'il ne fallait pas dire ses sentiments réels, que c'était trop risqué. »

Ce type d'autoviolences que nous engrangeons très tôt dans l'enfance peut se poursuivre parfois durant toute une vie.

Cet homme a beaucoup souffert de son statut d'enfant délaissé et livré à lui-même. Il a vécu de nombreuses humiliations qui se sont condensées et résumées dans un souvenir décisif qui a orienté la plupart des choix de sa vie personnelle et professionnelle : comme chaque jour, il se rendait à pied à l'école, portant un lourd cartable qui le déséquilibrait. Lorsqu'une voiture est passée à vive allure, il a tout juste eu le temps de se jeter contre un mur, mais le bolide l'a frôlé et éclaboussé. Il est arrivé sale et mouillé en classe. Durant toute la matinée, il a apaisé son humiliation en se promettant qu'un jour il serait au volant d'une belle et puissante voiture, mais qu'il prendrait également soin des plus démunis. Plus tard, devenu riche à force de labeur acharné, il aurait pu acquérir la voiture en question. Mais il s'était donné comme règles de conduite d'assurer aisance et confort matériels non seulement à ses proches, mais aussi à toutes ses connaissances, et il l'avait fait au détriment de sa vie personnelle. À l'âge de la retraite, il est tombé dans une profonde dépression, puis il a voulu mettre fin à ses jours quand ses propres enfants l'ont dépouillé de ses biens et renvoyé, au propre et au figuré, dans le ruisseau, l'éclaboussant de leur mépris. Le cercle de sa vie se refermait sur les humiliations auxquelles il croyait avoir échappé.

Sur un mode réactionnel, pour survivre, pour faire face, il peut nous arriver de nous donner (imposer) des injonctions qui auront force de loi durant une grande partie de notre existence si nous ne nous en libérons pas en les replaçant dans le contexte de leur apparition, c'est-à-dire de notre vulnérabilité à un moment donné de notre histoire.

Ouverture et passage

Il est plus difficile de se débarrasser des injonctions que nous nous sommes données à nous-mêmes que de celles déposées sur nous par autrui. Car, pour ces dernières, il est toujours possible de les restituer symboliquement.

Entretenir ressentiments, rancœurs et accusations

À la suite d'une déception, d'une frustration, d'un conflit, d'une rupture ou d'une violence reçue, il nous arrive d'être animés de sentiments négatifs à l'encontre de celui ou de celle que nous rendons responsable de ce qui nous habite, nous envahit ou nous submerge. L'irritation, la colère ou la haine que nous ressentons peut nous paraître, dans un premier temps, légitime et salutaire, et l'exprimer nous fait du bien (du moins le croyons-nous). Mais lorsque nous entretenons en nous cette négativité, elle nous pollue et empoisonne notre existence, parfois durant de longues années. Il faut donc la remettre sérieusement en question.

« J'en ai toujours voulu à ma mère de préférer mon frère. J'avais le sentiment que c'était son fils préféré et j'ai aliéné l'essentiel de ma vie en ruminant, en brassant dans ma tête des projets de vengeance, de coercition contre lui, contre elle. Je n'arrivais pas à vivre le présent tellement j'étais habité par les souvenirs d'un passé que je trouvais injuste. »

« Quand la jeune femme que je fréquentais m'a confié qu'elle avait été violée par son père, ma tête s'est emplie de toute une série de pensées et d'images liées à la vengeance, aux violences que je pourrais faire à cet homme. C'était devenu une idée fixe ! »

Les liens qui se nourrissent de haine ou d'un besoin de vengeance sont souvent plus puissants que ceux qui s'appuient sur tout autre sentiment. Certaines relations de couple perdurent ainsi parfois pendant des années après la séparation, sans qu'un ex-conjoint (ou les deux) puisse en démordre et lâcher prise sur ses ressentiments, sans qu'il puisse renoncer aux accusations qu'il porte contre l'autre. Il faut savoir qu'en continuant d'en vouloir à l'autre, c'est une partie de nous-mêmes que nous violentons, car nous la maintenons ainsi immobilisée, en dépendance de l'autre.

Les pensées négatives que nous entretenons à l'égard d'un être que l'on a aimé sont susceptibles de nous envahir et d'occuper tout l'espace de notre esprit, de notre présent, de nos projets, et constituer ainsi une source permanente de souffrance et de désarroi.

« Quand mon mari m'a quittée pour une femme plus jeune, je me suis non seulement détestée (me dévalorisant et me disqualifiant parce que j'avais été assez bête pour aimer un type comme ça), mais je me suis mise à le haïr, à nourrir à son égard des sentiments d'une violence qui me faisait parfois peur. Je pensais sans cesse à lui, je construisais des scénarios où il tombait malade, ou son amie le quittait, où il était mis au chômage et se clochardisait. J'imaginais que j'allais mettre le feu à sa maison et qu'ils brûleraient ensemble. J'avais sans cesse la tête pleine de choses terribles à lui faire, comme le castrer pour qu'il ne puisse plus faire l'amour avec cette salope ! »

Il faut parfois entreprendre un véritable travail sur soi (psychothérapie ou formation) pour lâcher prise sur tant de pensées parasitaires, pour retrouver son équilibre, son unicité, pour se réconcilier avec le meilleur de soi.

> *Ouverture et passage*
> Quand le ressenti ment, c'est surtout nous qu'il trompe.
> Renoncer à la jouissance anticipée de la vengeance, c'est
> donner plus d'espace à un bonheur possible dans le présent.

Je ne suis pas capable, je n'y arriverai jamais, je ne peux pas !

La dénégation peut être un bon moyen de défense, et le refus que l'on oppose non seulement à l'autre, mais aussi et surtout à soi-même peut également être un autosaboteur redoutable.

« Non, vraiment je ne peux pas. » J'ai souvent entendu cette courte phrase, prononcée dans un chuchotement, ou sèchement, ou de façon languissante, ou parfois même sur un ton désespéré… Un aveu d'impuissance face à l'impossible.

« Non, je ne peux pas accepter, je ne peux pas recevoir, je ne peux pas faire, je ne peux pas dire… »

Ce n'est pas un constat d'impuissance, comme on pourrait le penser, mais plutôt une sorte d'impossibilité choisie, qui semble librement acceptée ; un renoncement implicite : « Je ne peux pas, je n'en suis pas capable, ce n'est pas possible. »

La phrase a des significations aussi diverses que : « Je ne veux pas recevoir, je ne veux pas demander, je ne veux pas donner, je ne veux pas refuser. » Autrement dit, elle ressemble à un interdit, à une censure, à une obligation que l'on se donne à soi-même, en prétextant un empêchement, en élevant un obstacle devant toute tentative d'échange, d'action possible. Quand on sait que toute tentative de communication, de partage, de relation repose sur quatre piliers : demander, donner, recevoir ou refuser, nous voyons comment certaines personnes peuvent vivre en état d'autoprivation permanente en s'abritant derrière un « Je ne peux pas ! ». Mais l'interdit, l'obstacle que la personne se donne à elle-même n'est pas toujours reconnu comme tel. La personne peut dire : « Je ne veux pas » et s'affirmer ainsi plus clairement, confirmer, se définir ; elle peut dire : « Non, ce n'est pas mon désir, ce n'est pas mon attente, ce n'est pas mon choix actuellement!» et se positionner ainsi plus fermement face à l'autre. Mais ce n'est pas souvent le cas.

Celui qui dit: «Je ne peux pas!» devrait se demander à quoi, à qui il dit oui quand il dit non de cette façon-là.

Celui ou celle qui dit: «Je ne peux pas» tente, en fait, de dire plusieurs choses à la fois.

«Je ne me sens pas prêt, apprivoisez-moi, respectez mon rythme ou mes peurs.»

«Je ne peux pas recevoir votre proposition, votre invitation, votre geste, car il n'est pas bon pour moi ou ne correspond pas à mon attente ou à ma sensibilité…»

«Je ne suis pas dans cette énergie, je n'ai pas cette attente.»

«Je ne peux pas, car j'ai peur d'être redevable de quelque chose si j'accepte; je crains que cela n'aille plus loin, trop loin; j'ai peur que cela m'engage ou me déstabilise.»

Cette expression: «Je ne peux pas» pourrait être supprimée de notre vocabulaire, disparaître de nos références habituelles et être, pour notre plus grand bien, remplacée par une affirmation plus nette, plus claire: «Je ne veux pas! Je ne fais pas ce choix, je n'entre pas dans cette proposition, dans ce projet.» Mais cela nous oblige alors à affronter, à toucher du doigt, parfois douloureusement, une difficulté présente en chacun d'entre nous: le conflit entre besoin d'approbation et besoin d'affirmation. Ces deux besoins importants, vitaux, ne peuvent cohabiter. Si j'ose m'affirmer (en particulier auprès de personnes significatives de ma vie), je prends le risque de ne pas être approuvé, ou même d'être rejeté (par ces mêmes personnes!). C'est ce qui explique que l'on préfère utiliser le «Je ne peux pas» de préférence au «Je ne veux pas». Nous éludons la confrontation avec l'autre par un «Je ne peux pas», car, en nous affirmant, nous craignons de ne pas avoir l'approbation de personnes chères, nous avons peur d'être jugés, rejetés ou, ce que nous redoutons le plus, de ne pas être aimés!

«Je n'y arriverai jamais» est l'expression première, quasi automatique qui sort de la bouche de celui qui veut décourager d'emblée une sollicitation, une demande, une proposition nouvelle ou une implication qui supposerait sa collaboration. Aussitôt, il se protège avec sa phrase fétiche: «Ce n'est pas la peine, je n'y arriverai jamais.» Cette démission préliminaire est destinée à figer la situation, à immobiliser les énergies potentielles; elle incite au renoncement.

« Tu sais bien que je n'en suis pas capable, j'ai déjà essayé, mais ça ne marche pas. »

« Tu me demandes quelque chose d'impossible. »

« Je n'y suis jamais arrivé, ce n'est pas aujourd'hui que je vais réussir. »

Cet autosaboteur est d'une grande efficacité dans le refus de mettre à l'épreuve les ressources de celui qui prétend ne pas en avoir.

« Tu sais, quand je te dis que je ne suis pas capable, ce n'est pas pour te faire de la peine, mais c'est parce que je ne vois pas comment je ferais pour déménager tout le grenier avec mes seuls bras ! Il faudrait faire venir quelqu'un qui a l'habitude de ces choses-là. »

Le soi-disant incapable est capable de dépenser beaucoup d'énergie pour faire la preuve de son incapacité. Cela a parfois commencé très tôt, quand, petit enfant, il prétendait qu'il ne pouvait pas nettoyer le lavabo après avoir fait sa toilette, et plus tard aider son père à nettoyer la voiture ou à ranger un coin du jardin. En fait, ce que l'incapable dit clairement, c'est : « Ne comptez pas sur moi, n'attendez rien de moi, vous faites erreur en croyant que je peux ! »

Ouverture et passage
Celui qui se croit ou se prétend incapable s'appuie
sur une capacité à toute épreuve :
celle de vous décourager de compter sur lui.

Demander et attendre de l'autre ce qu'il n'a pas

Avec une constante consternance, nous voulons avoir ce que l'autre n'a pas, et donc ne peut nous donner, ou lui faire dire ce qu'il ne peut pas dire.

« Jusqu'au dernier moment, j'ai espéré. Et quelques instants avant sa mort, j'ai cru qu'il allait enfin me parler. J'aurais tant voulu que mon père me reconnaisse comme sa fille ! Mais il avait été tellement déçu de ne pas avoir un garçon qu'il ne m'adressait jamais la parole. Il ne me parlait que par l'entremise de ma mère : "Dis à ta fille que si elle continue comme ça, je vais me fâcher !" ou "Si tu demandais à ta fille de faire moins de bruit, de s'habiller avec un peu plus de goût, de se faire oublier." »

Ainsi, cette femme a demandé à l'homme qui était son père de la reconnaître, de lui accorder de l'attention, alors que, manifestement, c'était pour lui impensable et impossible.

Nous passons parfois notre existence à attendre, à espérer, à réclamer, à exiger de l'autre ce que justement il n'a pas.

« Je voudrais que tu m'aimes. Je ne comprends pas que tu ne puisses pas m'aimer après tout ce que j'ai fait pour toi ! »

Nous n'arrivons pas à renoncer à ce que l'autre réponde positivement à un besoin que nous pensons légitime. « Une mère, tout de même, se doit d'aimer ses enfants ! La nôtre nous a abandonnés et n'a plus jamais donné signe de vie. »

Demander (parfois exiger) ou attendre que l'autre nous donne ce qu'il n'a pas est un des leurres que nous entretenons avec beaucoup de conviction, en particulier dans les relations filiales (pour nous les ex-enfants) et parentales (quand nous sommes parents). Ce leurre peut susciter, durant des années (toute une vie parfois), beaucoup de mal-être et de souffrances, sans que nous arrivions jamais à le neutraliser.

Avec une sorte de volontarisme têtu et aveugle, il nous arrive parfois d'attendre de quelqu'un qu'il adopte avec nous un comportement, une attitude qui ne correspondent pas à ce qu'il est, ni à sa dynamique ni à ses possibles.

« J'avais tellement rêvé d'une fille coquette, soucieuse de sa coiffure, de sa vêture, de son corps. Et j'avais sous les yeux un garçon manqué, toujours échevelé, les genoux écorchés, s'habillant n'importe comment, me faisant honte à tout instant ! J'ai tout fait pour tenter de lui apprendre un minimum de coquetterie, de féminité, et j'ai échoué. Aujourd'hui, je me rattrape sur sa propre fille ! Heureusement, elle est l'inverse de sa mère ! »

Nous quêtons chez l'autre des réponses à nos attentes, nous espérons des satisfactions ou des réassurances qu'il ne peut nous apporter parce qu'il n'est pas en mesure de nous les donner ou parce qu'il ne peut pas entendre notre demande (car celle-ci tombe dans une zone qui n'est pas éveillée chez lui !).

« Mon père n'a jamais été un papa pour moi, c'est-à-dire quelqu'un de disponible, d'ouvert, de compréhensif. J'aurais souhaité qu'il soit une personne avec qui j'aurais pu discuter, échanger, partager. Chaque fois que j'allais chez lui, je me lançais dans une tentative d'échanges. Au début de la discussion, je faisais des efforts, puis je me braquais pour essayer d'obtenir ce que je croyais qu'il ne voulait pas me donner. Mes tentatives se terminaient toujours très mal. Je me fâchais, je me mettais à hurler contre lui, je l'accusais de ne pas faire d'effort pour me comprendre, et je quittais la maison furieuse contre lui, contre moi surtout, car j'avais obtenu l'inverse de ce que j'aurais tant voulu vivre : passer un moment chaleureux, plein de tendresse avec lui. J'ai mis des années à comprendre que je l'agressais en lui demandant ce qu'il ne pouvait pas me donner, car il ne le possédait pas. »

« J'attendais de ma femme qu'elle se comporte comme une mère cohérente, responsable, avec nos enfants. Je lui faisais la guerre, oui, c'est le mot juste, tous les jours, lui reprochant de ne pas se comporter en maman. C'est ma fille de douze ans qui m'a éclairé : "Tu sais, papa, il ne faut pas disputer maman, c'est une toute petite fille. Sa vraie maman, c'est nous, ma sœur et moi, mais il n'y a qu'elle et nous qui le savons. Même grand-mère ne le sait pas !" »

Combien de femmes attendent de leur partenaire qu'il parle, qu'il communique, qu'il exprime ses sentiments, sans pouvoir admettre, reconnaître ou voir que leur homme donne, s'investit, s'implique à sa façon, mais sur d'autres plans que celui de l'expression verbale !

À l'inverse, combien d'hommes attendent de leur femme des preuves d'amour et de reconnaissance inconditionnelle, sur le plan corporel, sensuel ou sexuel, sans recourir à des mots qu'ils trouvent inutiles : « Ma femme a toujours besoin de parler, de me dire ce qu'elle ressent, ce qui va, ce qui ne va pas, je ne comprends rien à ses états d'âme. »

Ouverture et passage

Il est des désirs autonomes (que nous pouvons satisfaire par nous-mêmes) et d'autres qui sont dépendants (dont la satisfaction dépend de quelqu'un). Certains désirs peuvent rester ainsi à l'état de désir. Il suffit de les respecter en nous ; ils appartiennent à notre imaginaire.

Je voulais épouser une vraie femme et je me suis marié à une mère

Cet autosaboteur est dans la même veine que le précédent, comme d'ailleurs les deux suivants. Un homme raconte : « Mon rêve secret, depuis l'adolescence, était de rencontrer une femme qui soit une vraie femme. Cela voulait dire qu'elle devait être sexy, attirer les regards et les désirs, et rendre ainsi les autres hommes jaloux de moi. Je me voyais, en sa compagnie, devenant plus homme. J'en ai rencontré plusieurs avec qui ça n'a pas trop mal marché, puis j'ai trouvé la bonne. Elle était magnifique, je ne comprenais pas pourquoi elle s'intéressait à moi et, quand elle m'a dit qu'elle m'aimait, j'ai eu du mal à la croire. Je l'avais tout à moi. C'est elle qui a proposé que l'on se marie. La veille du mariage (et je l'ai maudite pour m'avoir annoncé cela si tard, car je ne pouvais plus reculer), elle m'a dit : "Tu sais, la première fois que je t'ai vu, j'ai senti que ce serait toi le père de mes enfants !" Avec ces quelques mots, elle a soudainement disparu de ma vie en tant que femme. C'est terrible ce que je vais dire, mais je me suis marié avec une non-femme ! Six mois après, nous étions séparés. Elle avait essayé de me faire croire qu'elle était enceinte, mais j'ai tenu bon. »

C'est un des pièges sans issue du couple, dans lequel chacun voit ou attend de l'autre ce que justement il ne peut pas lui donner.

« Je ne voyais pas les femmes comme des mères possibles. Pour moi, une femme n'avait rien à voir avec une mère, c'était bien différent. Une femme, c'était quelqu'un avec qui on pouvait sortir, s'amuser, faire l'amour, être bien ensemble ! Et puis je découvrais que les femmes que je fréquentais pouvaient tomber enceintes, faire des enfants. Alors, j'arrêtais tout, je fuyais. Ce qui est curieux, c'est que cela ne m'apprenait rien. Dans la relation suivante, j'étais persuadé que la femme avec qui je sortais était bien une femme, sans plus ! Et je me piégeais à nouveau ! »

Certains clivages qui sont introduits ainsi dans les prémices d'une rencontre sont dévastateurs pour la survie d'une relation. « Je dissociais (sans même le savoir clairement) la sexualité de la procréation. Cela peut paraître absurde pour quelqu'un qui a fait des études universitaires, mais quand je faisais l'amour, je n'imaginais pas un seul instant que je pouvais donner la vie à un bébé. Et chaque fois qu'une femme voulait devenir mère ou simplement craignait de tomber enceinte, c'était pour moi une catastrophe ! »

Cette dissociation ou focalisation sur un seul aspect de la féminitude conduit ces hommes à rompre, à ne pas poursuivre une relation dans laquelle la dimension maternelle pourrait apparaître. Et quand celle-ci est présente, ils renoncent aux relations sexuelles, perdent tout appétit charnel : ils négligent la femme dans la mère de leur enfant. Et ils s'engagent parfois dans une ou des relations parallèles dans lesquelles ils pourront vivre une sexualité épanouie tant que la figure de la mère ne viendra pas interférer dans leur représentation de la femme.

> *Ouverture et passage*
> **Nous sommes des êtres complexes dont il est difficile de morceler la complexité. Si nous voulons enfermer l'autre dans les seuls rôles qui nous conviennent, nous risquons de l'aliéner ou de le perdre à jamais.**

Avoir des demandes impossibles

Cet autosaboteur a de nombreux cousins qui lui ressemblent. Ainsi je peux systématiquement disqualifier la réponse de l'autre (surtout si elle correspond à mon attente), car « si j'ai été obligé de demander, alors la réponse n'a plus de valeur » ! Ma vraie demande, en fait, c'est que l'autre entende ma requête sans que j'aie besoin de la formuler. « S'il m'aimait (vraiment), s'il était attentif, s'il me comprenait réellement, je n'aurais pas besoin de demander ! » La demande est caduque du fait même que l'on doive la formuler ; la réponse n'a pas de valeur « puisque c'est moi qui ai été obligé de demander ou de rappeler ! ».

Cette femme a un enfant naturel d'une première relation. Elle vit avec un partenaire qui a accepté de reconnaître son enfant et de lui donner son nom. « Mais je lui en veux, car j'aurais voulu que cette initiative vienne de lui. Cette décision aurait été pour moi une preuve d'amour et, plus encore, une véritable reconnaissance. Il a fallu que je lui demande s'il acceptait de reconnaître mon fils comme le sien, et ça, c'était insupportable. Depuis qu'il l'a fait, je me refuse à lui, nous n'avons plus de relations sexuelles, alors que j'ai toujours été très ardente. Le plus terrible, c'est que je ne peux même pas lui en parler, j'aurais l'air égoïste ! »

Tout se passe comme si faire une demande, c'était se mettre dans la dette, dans la dépendance de l'autre ou dans un devoir insupportable de reconnaissance ! À cette seule idée, tout se rétracte, chez certains !

La peur que l'autre oublie amène parfois à faire des demandes compulsives, qui n'ont plus aucune valeur sitôt qu'elles sont exprimées, et surtout entendues.

« "Tu sais que c'est bientôt mon anniversaire", lui ai-je dit, trois jours avant. Et aussitôt je m'en suis voulu, car mon véritable désir, c'est qu'il pense de lui-même à mon anniversaire, sans que j'aie besoin de le lui rappeler. Mais j'avais si peur qu'il l'oublie ! Et comme chaque année, j'ai gâché la journée, j'ai fait la tête sans qu'il comprenne pourquoi ! »

« Je sens bien que je le sature avec mes demandes, mais je ne peux pas m'empêcher de les faire. Il a essayé de m'avertir qu'il se sentait envahi, mais je téléphone quand même plusieurs fois dans la matinée, la première fois pour lui demander quelque chose, ou pour l'inviter, ensuite pour vérifier s'il a bien entendu ce que je voulais lui dire. Je lui explique longuement que je ne voudrais pas qu'il se méprenne, puis j'appelle à nouveau pour savoir si je ne l'ai pas dérangé ; je propose de passer le voir au cas où il aurait besoin de quelque chose. Chaque fois, j'ai l'impression de l'éloigner de moi alors que je veux au contraire lui être agréable ! »

Ainsi, pour peu qu'une relation leur donne l'impression qu'il y manque quelque chose et qu'elle ne correspond pas à leur idéal, certains la détruisent alors qu'elle pourrait être bonne pour l'un et pour l'autre.

> *Ouverture et passage*
> **Obtenir ce que l'on espère en le demandant est toujours moins bon que de l'avoir sans le demander.**

Je ne sais pas recevoir, alors je prends

Savoir recevoir n'est pas donné à tous. Entre celui qui minimise, dévalorise, banalise ce qui vient vers lui, et celui qui sait accueillir, amplifier, magnifier ce qu'il reçoit, il y a toute la gamme de ceux qui ne savent ou ne peuvent recevoir. Alors, ils prennent !

« Dans mes relations intimes, je suis souvent en difficulté. J'ai une demande qui me revient toujours en tête, une demande exclusive qui m'habite quand je suis avec celle qui m'est proche : je voudrais que ce soit elle qui demande. Mais elle doit sentir que j'attends de sa part quelque chose qui ne vient pas, car elle reste réservée. Alors, je fais les premiers pas, mais je lui en veux et je me ferme aussitôt qu'elle répond positivement. C'est un cercle vicieux. J'ai l'impression de lui arracher la moindre caresse, et je n'en veux pas. Ce que je veux, c'est que cela vienne d'elle. »

Le désir que le désir soit chez l'autre est à l'origine de nombreux malentendus et conflits dans les relations intimes. L'impérialisme de certains désirs (mais sont-ils vraiment des désirs ?) n'est jamais découragé, ni par les frustrations immenses qu'il suscite chez le désirant, ni par la fermeture ou la fuite du désiré.

« Quand, en fin de journée, je reviens du travail, il y a toujours, dans mon imaginaire, les mêmes images. Je la vois m'ouvrant la porte, se précipitant vers moi, m'embrassant, glissant ses mains sur mon corps, sur mon sexe de préférence. C'est cela que j'attends chaque fois : que ce soit elle qui fasse les premiers gestes. Au fond, je veux qu'elle me donne son désir. Mais cela ne se passe jamais comme cela. Une fois la porte ouverte, je suis frustré par son peu d'intérêt pour ma personne ; sa passivité m'insupporte. Alors, c'est moi qui tente vers elle les gestes que j'ai imaginés, et ça tombe toujours à côté ; ce n'est pas le moment, elle n'est pas disponible, pas prête. Et plus tard, quand elle me demande si je veux, je reste froid. »

Cette attente que l'autre nous impose peut être perçue comme une exigence implicite qui va bloquer l'échange et empêcher le partage. Quand le désir est trop fort chez l'un, il empêche le désir de l'autre de naître. Cette femme nous le dit clairement :

« Je n'ai pas le temps de lui donner qu'il a déjà pris ! J'ai tenté plusieurs fois de le lui expliquer. J'ai posé un jour ma main sur la sienne : "Tu vois, si tu gardes ta main ouverte pour m'accueillir, je peux te donner, mais si tu la fermes aussitôt sur la mienne, si tu me tires à toi, je ne peux plus te donner." »

« Il m'a disqualifiée tout de suite : "Oh, toi et ta psychologie de bazar, tu ne peux pas accepter de temps en temps d'être plus simple !" Avec lui, être simple, c'est entrer tout de suite dans ses attentes et paraître comblée ! »

Ce scénario est quasi ingérable, car les attitudes, les gestes de celui qui a du mal à recevoir ce qui ne lui est pas donné spontanément vont l'entraîner (avec la plus grande inconscience) à prendre, ce qui est très différent de recevoir! Les origines de ce comportement sont certainement très anciennes, inscrites au tout début de la vie. Je peux imaginer un tout petit bébé qui tète le sein de sa mère. C'est bon, c'est précieux, c'est rassurant, et sa bouche avide devient, avec les mois qui passent, de plus en plus avide. Il dévore le téton, le mâche, et quand celui-ci, un peu trop sensible ou un peu fragilisé, tente de se dérober, sa bouche se ferme avec plus de force, de violence. Une sorte de conflit s'engage entre la maman et le bébé, entre le désir (même sans plaisir) de donner, chez la mère, et le désir volontariste, inquiet, de prendre, de s'approprier ce qui risque de se dérober et de disparaître, chez l'enfant.

« Au début, raconte cette femme, je ne m'en rendais même pas compte, mais avec le temps j'ai compris que mon comportement se retournait contre moi, qu'il fallait que j'évite de m'accrocher. Je ne pouvais pas m'empêcher d'aller au-devant de l'intention de mon mari. Quand il se penchait pour m'embrasser, aussitôt je le serrais dans mes bras, je prenais sa tête entre mes mains, et même si je savais qu'il détestait cela, je la pressais contre moi. Plus il se défendait, plus il voulait s'éloigner, plus je le tenais serré. "T'es une vraie sangsue! m'a-t-il dit un jour, tes mains sont de la glu, tu colles à moi comme si tu avais peur que je disparaisse!" C'est vrai, j'avais peur qu'il disparaisse, qu'il cesse de s'intéresser à moi. Mais quand je lui parlais de cette peur, il rigolait et me disait (ce qui était loin de me rassurer) : "Pas de danger, tu ne me laisseras jamais partir!" »

Comme pour la plupart des autosaboteurs qui nous taraudent, il ne suffit pas de savoir comment ils se manifestent, il faut entendre quelle mission ils remplissent, quelle fonction est la leur dans notre relation au monde. Par exemple, dans le fait de ne pas savoir recevoir pour éviter de devoir rendre, de se sentir dans la dette ou obligé d'avoir de la reconnaissance envers quelqu'un que nous ne souhaitons pas gratifier ou reconnaître comme bon pour nous parce que nous préférons rester dans la victimisation ou l'accusation.

Ouverture et passage
Le recevoir n'est pas une attitude passive,
c'est une position relationnelle très dynamique.
Mais encore faut-il accepter de laisser venir jusqu'à soi
ce qui vient de l'autre. C'est dans un second temps (infime)
que nous allons sentir si nous pouvons accueillir ce qui
correspond à nos attentes, puis l'amplifier et l'agrandir
en nous, ou au contraire rejeter ce qui ne correspond pas
à nos désirs, à nos attentes ou à notre sensibilité.

Le besoin de dénigrer, de faire du mal à celui ou à celle qui nous a fait plaisir

Cette attitude se retrouve chez des personnes qui ne supportent pas d'être en dette, de devoir de la reconnaissance à ceux qui ont partagé de bonnes choses avec elles.

« J'ai mis longtemps à comprendre que, chaque fois que j'offrais quelque chose de bien à mon compagnon (cadeaux, sorties exceptionnelles à l'opéra, voyages), cela se retournait contre moi. Dès le lendemain, il commençait à me critiquer, me reprochait ma façon de vivre, de gâter mes amis, de décorer mon appartement. J'en suis arrivée au paradoxe suivant : pour que cela aille bien entre nous, je devais m'interdire de lui faire plaisir ! Dès lors, je n'ai plus subi de critiques, de reproches ni d'accusations de sa part. J'ai dû me frustrer de la joie de lui faire plaisir pour qu'il ait le plaisir de ne pas se plaindre ! »

Apprendre à recevoir n'est pas donné à tout le monde. Entre les quatre ancrages fondamentaux d'une relation vivante : demander, donner, recevoir et refuser, le recevoir est certainement celui qui repose sur des fondements très archaïques, liés aux premiers instants de la vie, où nous apprenons (quand c'est bon pour nous) à accepter ce qui vient de l'extérieur en l'intériorisant positivement.

Cet homme me disait : « Chaque fois que je rencontrais mon amie et que nous vivions ensemble quelque chose qui me paraissait positif, apparemment bon pour elle et pour moi, je ne sais pas ce qui se passait en elle, mais quelques heures après, il fallait qu'elle m'agresse, me disqualifie. Elle m'accusait de vouloir l'utiliser seulement pour mon plaisir, elle me reprochait de ne pas la respecter dans son corps, dans ses besoins profonds. Son expression favorite était : "Je ne suis pour toi qu'un objet sexuel, il n'y a que cela qui t'intéresse chez moi !" Alors que, justement, la sexualité, entre nous, ne marchait pas très fort ! Cela a duré plusieurs années, jusqu'au moment où j'ai pris la décision de la quitter. Nous sommes devenus de très bons amis. Nous avions trouvé la bonne distance. Depuis lors, elle ne tarit pas d'éloges à mon sujet, elle dit à ses amies que je suis un type formidable. Elle prétend que je suis l'homme le plus généreux de la terre ! »

« Mon besoin de dénigrer, de rabaisser les autres a commencé très tôt, dit cet autre. À la maternelle, je faisais pleurer les filles en les traitant de pisseuses et j'ajoutais toujours : "Vous êtes pleines de saletés." Je savais que les filles devaient s'accroupir pour faire pipi, puisque j'avais une sœur, et j'avais remarqué que ma mère lui avait appris à utiliser un petit bout de papier pour s'essuyer, avant de se laver les mains. Mais pas à moi, ou bien l'avais-je oublié ? Aujourd'hui, je sais que j'avais perçu bien d'autres différences, dont une qui m'inquiétait beaucoup : j'avais un zizi, et pas elle. Qu'était devenu le sien ? Est-ce que le mien était fiable ? Je sais que ces considérations (ces élucubrations ?) relèvent sans doute d'une psychologie de bazar, mais je me souviens très bien de mon acharnement à dévaloriser ma sœur et toutes les filles que je rencontrais. Et je sais que ce dénigrement se poursuit encore aujourd'hui dans mes relations avec les femmes. »

La lucidité n'empêche pas l'aveuglement. Ce qui confirme ce que disait ma grand-mère : « Nul n'est plus sourd que celui qui entend. »

Ouverture et passage

Quand je fais dépendre ma valeur de la différence qu'il y a entre ma non-valeur (que j'imagine) et la non-valeur que j'attribue à l'autre, je ne m'élève pas, mais je garde le sentiment (trompeur) que je vaux quelque chose.

L'incapacité de recevoir

C'est Henriette Bernard, plus connue sous le nom de Sarah Bernhardt, qui disait avec humour (et peut-être pour cacher son irritation) : « Vous ne vous imaginez pas le nombre de compliments que je dois supporter ! »

On perçoit en effet, chez certaines personnes, des intolérances fortement ancrées dès qu'il s'agit d'accepter ou de recevoir.

Certains êtres, surtout quand ils ont quelques moyens financiers, sont très mal à l'aise quand ils reçoivent. Ils ne supportent pas qu'on tente de leur faire plaisir. Ils ne veulent pas se sentir redevables de quoi que ce soit.

« Je dois beaucoup à mon nouveau compagnon qui, après la mort de mon mari, m'a aidée moralement et financièrement. Mais je n'ai pas compris assez vite combien il était important pour lui de me maintenir dans la dette, de m'entretenir dans la dépendance et, surtout, de ne rien recevoir de moi. Je l'avais invité au restaurant pour fêter le deuxième anniversaire de notre rencontre. Au tout début du repas, il m'a demandé pourquoi j'avais oublié de lui rendre les 50 euros qu'il m'avait prêtés deux jours plus tôt pour faire des courses. "Même ma femme de ménage n'oublie pas de me rendre la monnaie", a-t-il ajouté rageusement. J'ai éclaté en sanglots, désespérée de voir comment il s'était arrangé pour gâcher la soirée. »

L'incapacité de recevoir ne se situe pas uniquement sur le plan matériel. Cette difficulté n'est pas l'apanage des gens aisés ou favorisés. On rencontre des handicapés du recevoir dans toutes les couches de la société. Cette difficulté relationnelle caractérise les indigents affectifs, ceux qui ont une faible, voire une piteuse estime d'eux-mêmes. Ils ne peuvent recevoir une félicitation, une marque d'attention, un compliment, sans les minimiser, sans les suspecter d'exagération. Rejeter ou disqualifier un message positif est quasi automatique chez eux. Ils font généralement comme s'ils ne méritaient pas la reconnaissance qui leur est accordée. Ils ont parfois un idéal d'eux-mêmes tellement élevé qu'ils ne supportent pas la moindre imperfection. Ils ont toujours le sentiment de ne pas être à la hauteur. Dans la foulée, ils disqualifient celles ou ceux qui tentent de les rassurer, qui les remercient, leur adressent des récompenses ou des marques d'intérêt et se hasardent à les inviter.

« Il ne fallait pas se donner tout ce mal pour moi ! »

« C'est parce que tu es tout seul ce soir que tu m'invites ? Faudrait pas me prendre pour un bouche-trou ! »

« Tu penses enfin à m'appeler, tu te rappelles donc que j'existe ! »

« Qu'est-ce qui t'amène ? Pas la peine de tourner autour du pot, je parie que tu as encore quelque chose à me demander ! »

Les handicapés du recevoir sont légion. Aussi, quand deux handicapés se rencontrent, ils font assaut de zèle pour ne pas se charger de la moindre gratification qui pourrait venir de l'autre.

Ouverture et passage
**En amplifiant ce que nous recevons,
nous faisons un cadeau à celui qui nous donne.**

Se présenter comme une victime

Il y a des enjeux paradoxaux autour de cet autosaboteur. En étant victime, je peux déclencher deux types de réactions totalement opposées. Soit je deviens bouc émissaire, sur lequel se dépose l'essentiel de l'agressivité des autres (dans un milieu clos ou restreint), soit je deviens intouchable, ce qui veut dire que je déclenche des conduites de protection, des mouvements de pitié, des gestes de soutien ou d'encouragement.

Il y a parfois une véritable jouissance à se présenter comme victime. On se complaît à faire la démonstration que le sort, les dieux, les autres, le monde entier sont contre nous, qu'ils nous en veulent, et surtout qu'ils se sont organisés en une vaste coalition pour nous empêcher d'être heureux. Chez les artistes de la victimisation, la phobie du complot est toujours prête à se réveiller.

De cette position, qui consiste à se faire plaindre, certains recueillent un grand nombre d'avantages. Les bénéfices secondaires sont importants : attention, passe-droits, etc. Si le statut de victime est, pour certains, une réalité qui exige une reconnaissance sociale et une forme de réparation, il peut être, pour d'autres, une stratégie qui sert de prétexte pour formuler des revendications sans fin qui, parfois, peuvent aller jusqu'au délire. Certains se sentent si profondément lésés qu'ils organisent l'essentiel de leur vie en démarches (y compris judiciaires) pour faire valoir ce qu'ils considèrent comme leurs droits les plus légitimes. On les appelle des quérulents. Ils sont habiles en artifices procéduriers sans fin. Autant dire qu'ils sont de véritables catastrophes pour ceux qu'ils accusent et mettent en demeure de réparer les préjudices qu'ils sont convaincus d'avoir subis.

> **Ouverture et passage**
>
> Le plaisir de la plainte doit être incomparable si l'on en juge par le nombre de pratiquants. Mais peut-être n'est-il pas indiqué d'aider celui qui déjà se gratte jusqu'au sang, quand bien même il vous demande de lui gratter le dos ou tout autre endroit qu'il prétend inaccessible !

S'approprier la réalité, vouloir la remodeler en fonction de ses attentes

« Avant toute rencontre avec mon ami, j'imagine avec beaucoup de détails ce qui va se passer et j'éprouve, par anticipation, beaucoup de joie et de plaisir à programmer le déroulement de nos retrouvailles. Ce sera beau, troublant, plein d'amour ; il sera comme ceci, je ferai cela, il me dira, je lui raconterai. Hélas, cela ne se passe jamais comme je l'ai imaginé ! Dans les premières heures de la rencontre, je me ferme, je deviens passive, je me sens déçue. J'attendais tellement autre chose ! »

Pour ceux qui organisent, structurent et embellissent la réalité, il est bien certain que celle-ci ne sera jamais à la hauteur de leur imagination. Car il y a aussi les rêves ou les projections de l'autre, éléments incontrôlables, imprévisibles qui vont introduire des décalages, des différences.

« Je vis l'essentiel de ma vie dans mon imaginaire. Je construis la réalité dans ma tête, mais, le plus souvent, elle n'est pas à la hauteur de mes attentes. Et comme je n'accepte pas ce triste constat, j'essaie de la remodeler à mon goût, je veux obtenir de l'autre qu'il se comporte comme je l'avais anticipé, comme je l'avais imaginé. Vous l'avez deviné, cela ne se passe pas bien, et je m'en veux ! Mais c'est surtout à lui que j'en veux de ne pas être conforme, de ne pas se comporter comme je l'avais prévu ! »

« Mon petit ami me déçoit toujours, il n'est jamais comme je le veux. Je l'avais pourtant choisi pour ça. Au début, il ne me contrariait jamais : je lui demandais de s'habiller de telle façon et il s'exécutait ; de se comporter comme je le souhaitais, et il répondait présent. Aujourd'hui, il me dit qu'il a envie d'être lui-même ! Nous ne resterons pas longtemps ensemble, je le sens ! »

En voulant s'approprier la réalité de l'autre ou le faire entrer dans notre rêve, nous risquons de le déposséder d'une partie de son existence. Cet autosaboteur s'appuie sur un ensemble de conduites et de comportements très dynamiques, susceptibles dans un premier temps de paraître positifs et enthousiasmants, mais qui se révèlent lourds, contraignants et difficiles à supporter dans la durée.

« Le second époux de notre mère, qui disposait d'une fortune confortable, a voulu nous aider. Il s'est proposé gentiment (dans un premier temps) de participer à la rénovation de notre maison de vacances à l'île de Ré. C'était une maison qui avait appartenu au grand-père de maman. Elle avait d'innombrables défauts : une toiture fatiguée, des accommodements rustiques et des toilettes archaïques. Mais c'était notre maison, et nous l'aimions telle quelle. La première année, ça allait encore, mais la deuxième année, ce fut insupportable : ce n'était plus notre maison mais la sienne. Il voulait agrandir le cellier, modifier le grenier, transformer le jardin et combler le vieux puits "qui ne sert plus à rien !" pour récupérer les vieilles pierres. Alors, ce fut la guerre entre lui et nous. Il s'appropriait notre passé et le transformait en un devenir dans lequel nous n'avions plus de place. La relation conjugale de notre mère n'a pas résisté aux travaux. En se séparant de lui, elle nous a redonné notre maison ! »

La sincérité des uns et des autres ne peut être mise en cause. Chacun est persuadé qu'il est dans le vrai, sans entendre que, pour l'un, il y a l'équivalent d'une mainmise, d'une dépossession de son propre vécu, et pour l'autre, l'offrande d'un rêve à vivre à deux, sans être capable de trouver la bonne distance.

Quand cet homme a témoigné, avec émotion, de ce qu'il appelait « l'impossible rencontre », j'ai senti que ceux qui l'écoutaient compatissaient à sa souffrance, sans pour autant le rejoindre, car ils pouvaient aussi s'identifier à la femme dont il parlait. « Quand nous sommes en voiture, elle et moi, je pose aussitôt ma main sur sa cuisse, puis j'attends qu'elle relève sa jupe pour me permettre de me glisser plus près de son intimité, qu'elle entrouvre ses jambes, qu'elle m'accueille. Mais quand je m'aperçois qu'elle ne bronche pas, ne fait rien, comme si mon geste était banal, je reprends le volant à deux mains et je ne desserre plus les dents jusqu'à l'arrivée. Cette déconvenue ne m'empêche pas de recommencer la fois suivante, avec l'espoir d'être entendu ! »

Celui qui veut faire entrer la réalité dans ses désirs renonce rarement, comme si sa propre existence était en jeu. C'est un combat sans fin entre lui et ses proches pour tenter de trouver la bonne distance, qu'il n'atteint jamais !

> *Ouverture et passage.*
> **En ne respectant pas la bonne distance entre nos propres désirs et les possibles de l'autre, on risque de créer une faille insondable et parfois infranchissable.**

Se laisser définir par les silences de l'autre...

Ce phénomène est assez fréquent, même s'il échappe le plus souvent à la compréhension de chacun des protagonistes.

Il nous arrive parfois d'avoir un mouvement, une intention, une parole ou un geste vers quelqu'un qui ne le reçoit pas, qui reste silencieux, ou qui fuit. À partir de là, nous décidons d'adopter un comportement outrancier, bien visible, comme pour lui dire :

« Puisque tu ne veux plus me dire bonjour, eh bien, je ne te salue plus ! »

Le problème, c'est que, chaque fois que nous rencontrons cette personne, nous pensons à son comportement et renforçons le nôtre, même si des pensées parasitaires nous envahissent et nous polluent. En fait, tout se passe comme si nous nous étions laissé définir par le silence de l'autre, comme si nous lui avions donné un sens et que ce sens nous contraignait !

« Je n'aime pas ce collègue qui travaille dans le même département que moi. Chaque fois que je le croise, je me rappelle qu'au début, quand je lui disais bonjour, il ne me répondait jamais. Alors j'ai pris la décision de ne plus le saluer, mais cela me gêne, à la longue. »

Cette personne ne sait pas qu'elle s'est laissé définir et que sa décision est essentiellement réactionnelle. Elle aurait pu continuer à saluer le collègue en question. Une relation a deux extrémités : je suis responsable de la mienne, et je n'ai pas à me laisser conditionner par ce qui se passe à l'autre bout.

« Depuis que je fréquente un Africain, mes parents, qui n'aiment pas les Noirs, ont décidé de ne plus me parler. Alors, moi aussi je me suis fermée. Je ne vais plus chez eux, je n'écris pas, je ne les appelle plus au téléphone. Mais je ne suis pas bien avec ça. »

En adoptant un comportement miroir, mais qui ne correspond pas à son véritable choix, cette femme souffre. Elle croit qu'elle est en conflit avec ses parents, alors que c'est avec elle-même qu'elle est en désaccord. Même si ses parents ont choisi de ne plus lui parler, elle pourrait, elle, choisir de continuer à alimenter la relation (en particulier par écrit) en leur donnant de ses nouvelles, en leur parlant de ses sentiments pour eux (qui n'ont pas changé, même si elle est persuadée du contraire).

> *Ouverture et passage*
> **Si je n'arrive pas à me définir en fonction de mes sentiments, de mes ressentis profonds ou de mes propres choix de vie, je risque de me laisser définir par l'autre et de ne plus me supporter.**

Est-il vraiment intéressant d'être heureux ?

Il y a aussi les spécialistes de ces fausses questions qui ne débouchent que sur des joutes verbales ou des réponses en conserve (si on n'entend pas les interrogations plus graves qui se cachent derrière).

« Tu crois vraiment que le bonheur existe ? »

« Est-ce que tu penses que tous les hommes finissent par être infidèles, un jour ou l'autre ? »

« Crois-tu qu'un jour on arrivera à avoir la paix dans le monde ? »

Certains sont persuadés qu'ils sont jalousés pour leur réussite ou leur succès, censés les rendre plus heureux. Ils expriment alors cette pseudointerrogation pour banaliser leur réussite : « Est-il vraiment intéressant d'être heureux ? » En se mettant sur le même plan que ceux qui semblent avoir plus de mal à vivre, ils tentent de rétablir une sorte d'égalité en minimisant l'intérêt d'avoir réussi, d'être heureux. « Au fond, à quoi ça sert de réussir, quel est l'intérêt d'être heureux ? Ça ne change rien, on a toujours les mêmes problèmes ! »

« Vous croyez qu'on est plus heureux quand on a tout ? »

Cette phrase peut aussi contenir un appel caché, déguisé, qui pourrait s'énoncer ainsi : « Vous pensez que je suis heureux parce que vous croyez que j'ai tout pour l'être ! » Le piège, c'est qu'une telle interrogation va donner lieu à des échanges stériles, à des prises de position outrancières sur le fait d'avoir, de ne pas avoir, de posséder beaucoup ou pas, sans que le ressenti de celui qui parle soit entendu.

« Ça ne m'intéresse pas d'avoir plus ! »

Celui qui parle ainsi estime que ce qu'il a est suffisant, qu'il ne souhaite pas d'autres biens, ni d'avantages supplémentaires. Si cette estimation s'arrêtait à lui, délimitant ainsi ses propres ambitions, cette évaluation ne poserait aucun problème. Mais l'énoncé d'une telle affirmation s'adresse en général à un autre, elle implique un tiers, parfois un proche. Elle peut alors signifier : « Tu as déjà beaucoup, tu devrais te contenter de ce que tu as, tu perds ton temps à vouloir plus ! »

« Tu te contentes de peu et tu as raison ! Tu pourrais être plus ambitieux, réclamer plus, essayer d'obtenir de ton patron qu'il te paie mieux, qu'il te donne une promotion, mais il n'est pas certain que tu seras plus heureux dans ton nouveau poste. »

Le double message contenu dans ces propos vise à paralyser la situation, à ne rien changer. Les résistances au changement sont innombrables ; elles mobilisent beaucoup d'énergie et constituent une véritable hémorragie susceptible d'affaiblir la créativité et le dépassement de soi.

Je ne résiste pas au désir de citer longuement Christiane Singer[2], qui a disparu au printemps 2007. « Je ne crois pas que le bonheur soit quelque chose. Je crois qu'il n'est rien qu'on ne puisse appréhender et je soupçonne que, s'il n'est rien, c'est peut-être parce qu'il occupe tout l'espace.

---

2. Christiane Singer, *N'oublie pas les chevaux écumants du passé*, Albin Michel, Paris, 2005.

« Le jeune poisson de la légende indoue qui demande : "Où est la mer ? Tout le monde en parle et je ne l'ai jamais vue !" nous offre la clé de la révélation. Si je cesse de demander : "Où est le bonheur ?" c'est par un semblable effet de renversement métaphysique : j'ai compris que j'y nageais, non pas compris avec l'intellect, mais avec les écailles, les nageoires.

« Voilà le poisson en quête de la mer : "Avez-vous vu la mer ?" Il est émouvant. Dérisoire et émouvant. Il nage comme un fou, de plus en plus vite, de plus en plus loin. "Avez-vous vu la mer ?" Jusqu'à l'instant où, à l'entrée d'une grotte, une pieuvre bienveillante vient à son secours. "Ne cherche plus. Tu y es !"

« Ce dénouement n'est-il pas la pire épreuve ? Est-il un message plus dégrisant que cette petite phrase : "Tu y es !" Jamais tu n'y as été, jamais tu n'en seras plus proche que tu ne l'as toujours été ! Jamais plus proche qu'en chaque instant de ta vie passée et à venir.

« Mais alors comme as-tu (comment ai-je) pu fabriquer tant de malheur, tant d'éloignement, d'égarement, de dérèglement, d'errance, de criante solitude ?

« Ne peut-elle rendre fou, cette révélation que cela qui est là en permanence et en abondance autour de moi est cela même qui me manquait si cruellement, qui me paraissait impossible à rejoindre... »

Ouverture et passage
Celui qui est réellement heureux ne se demande pas s'il l'est, car il baigne dedans.

Je ne peux être bien quand je sens que l'autre n'est pas bien

Il y a une certaine culpabilité à aller bien, et aussi, parfois, un prix à payer envers son entourage proche qui peut mal vivre notre bien-être !

« Faire de la peine à mon mari parce que je vais bien, cela m'est insupportable ! Alors je passe mon temps, chaque fois que je le peux, à lui montrer que j'ai des soucis, que j'ai mal ou que je suis mal à l'aise. Tout cela pour qu'il puisse aller mieux ! »

« Ma belle-mère n'est bien que lorsqu'elle a quelqu'un à plaindre. Alors, elle se sent tonique, guillerette, pleine d'allant. Je sens bien que je lui fais de la peine quand tout va bien pour moi, alors je m'efforce de ne pas me sentir bien devant elle. Comme cela, elle peut me plaindre et tout va bien entre nous. Même son fils, mon mari, est satisfait de voir qu'elle est bien en ma présence. Il ne se rend pas compte que je dois faire semblant pour cela. »

Dans certains couples ou dans des relations imposées, tout se passe comme s'il y avait un jeu d'alternance, de balance entre le bien-être de l'un et le mal-être de l'autre.

« Mon patron a besoin d'être paternaliste et bienveillant. En fait, il aime bien qu'on ait besoin de lui, de ses conseils, de son aide, et même de sa générosité, car il donne avec plaisir. Et quand je le prive de tout ça, il devient insupportable et même agressif. »

Se libérer de cette « obligation », intériorisée très tôt dans notre histoire, demande que l'on arrive à se détacher, à se différencier du ressenti de l'autre.

Ouverture et passage
Si je prends le risque de m'affirmer comme étant à l'aise en ma propre compagnie, je ne donne pas à l'autre le pouvoir de croire que j'ai besoin de lui pour vivre en bonne entente avec moi-même !

Le bonheur de l'autre est insupportable

« Je ne supporte pas de voir des gens heureux autour de moi. Ça leur donne un air bête, on ne peut plus discuter de quoi que ce soit avec eux. D'ailleurs, quand mon mari est heureux, quand il va bien, cela m'est insupportable, et automatiquement, je vais mal. Quand il va mal, par contre, je vais un peu mieux, mais ça ne dure jamais ! Au fond, nous ne sommes jamais en phase. Et pourtant, quand je l'ai épousé, je croyais que c'était la seule personne qui me comprenait ! »

Certaines dynamiques relationnelles de couple sont fondées sur ce genre de dépendance qui lie (ou ligature) des partenaires dans un besoin vital, pour l'un comme pour l'autre, de se dire que l'autre va mal. Le plus malheureux des deux d'ailleurs n'est pas forcément celui qui se plaint le plus.

Le bien-être, l'insouciance, la légèreté et le plaisir sont parfois indécents et intolérables pour certaines personnes chez qui le spectacle ou l'évocation de l'amour et de la tendresse réveille, d'une manière ou d'une autre, des manques, des blessures ou de vieux traumatismes.

« C'est très dur, la tendresse », dit en pleurant cette femme qui vient de terminer la lecture d'un livre de contes pour adultes.

Certains, dont l'histoire a été marquée par des manques fondamentaux sur le plan des besoins affectifs et relationnels, se rassurent en adoptant un mode de vie ascétique, réglementé, rigide, quasi monastique, ou même militaire. Ils rêvent d'un univers égalitaire où tout le monde serait logé à la même enseigne, et ils instaurent parfois des principes tout à fait arbitraires, qu'ils imposent en toute bonne foi à eux-mêmes et aux autres. Ils se comportent ainsi en véritables dictateurs domestiques convaincus de la légitimité de leurs prises de position et de leurs décisions, et ils sont outrés quand on ne leur obéit pas au doigt et à l'œil.

« L'arrivée de mon premier enfant fut une véritable révolution dans notre couple. Jusque-là, mon mari ne supportait pas que l'on se fasse plaisir : "Le plaisir, c'est obscène", aimait-il dire. J'avais appris à ne plus chanter, à ne plus rire. Je n'évoquais même plus une satisfaction quelconque. Je m'étais habituée à vivre ainsi, en deçà de toute manifestation de bien-être, en retrait de la vie. C'est ma fille qui a appris à son père à rire, à jouer, à faire des bêtises, à oser être heureux. »

Lorsque ces personnes occupent, dans le monde du travail, des postes à responsabilités, elles sont redoutables. Ce sont les « petits chefs » zélés, appréciés de leurs supérieurs pour leur efficacité, car ils se font un point d'honneur d'appliquer à la lettre les consignes et les règlements. Mais gare à ceux qui sont sous leurs ordres ! Avec eux, on ne discute pas ! « Le règlement, c'est le règlement. On n'est pas là pour rigoler ! »

À ceux à qui le bonheur est insupportable (ou inavouable), il n'est pas certain que les thérapies par le rire fassent grand bien, mais il n'est pas exclu de conseiller à ceux qui les fréquentent d'en entreprendre une !

> **Ouverture et passage**
> Le bonheur n'est contagieux que pour ceux qui le côtoient
> sans peur ni réserves et qui sont ouverts à sa présence.

Le plaisir d'avoir mal et le bonheur de souffrir

Le comportement, les actes et les décisions de certains semblent se structurer autour d'une devise minimaliste qui leur sert de protection contre les aléas et les risques de la vie. Cette devise pourrait s'énoncer ainsi : « L'avantage, quand ça va très mal, c'est que ça ne pourrait pas être pire ! »

Le plaisir de souffrir, d'avoir mal, de trouver toujours le point sensible chez soi (ou chez l'autre), là « où ça fait mal », existe chez certains êtres, pour qui ce plaisir est quasiment à cultiver. C'est une érotisation inconsciente de la souffrance, il leur est donc très difficile d'y renoncer.

Il n'est pas rare de voir dans leurs yeux un éclair de bonheur, dans le pli de leur bouche une jouissance gourmande, dans leur intonation une gorgée de plaisir à l'énoncé de tout ce qui ne va pas dans leur vie. Ils se gargarisent lorsqu'ils vous font la description minutieuse « de tous ces malheurs qui me tombent dessus ! ».

« Lors de soirées entre amis, le plus grand plaisir de mon mari est de raconter, avec mille détails, tous les malheurs qui lui arrivent. Il est semblable à un héros qui combat chaque fois des ennemis de plus en plus nombreux, qui l'assaillent de toutes parts et lui confirment que la vie vaut la peine d'être vécue ainsi. »

La question que ceux qui me lisent ne manqueront pas de se poser : comment se débarrasser de ce type d'autosaboteur (dont on tire autant de satisfaction) ? Comment faire pour qu'il ne s'installe pas en nous ?

Selon la nature du mal que l'on se fait (et surtout à qui on le fait !), il sera plus ou moins aisé de renoncer à des habitudes qui fonctionnent en roue libre et d'apprendre à se respecter, à s'aimer, à se responsabiliser et à oser se faire du bien sans culpabilité ni retenue.

« Tout petit, je m'exerçais à souffrir : je mettais ma main entre le chambranle et la porte et je pressais, je pressais jusqu'à ce que je ne puisse plus me retenir de pleurer. J'étais très fier de moi de pouvoir ainsi résister aussi longtemps à la souffrance sans pleurer. »

Le plaisir d'avoir mal peut entrer en conflit avec le bonheur de souffrir.

Le plaisir d'avoir mal est circonstanciel, éphémère, alors que le bonheur de souffrir s'inscrit dans la durée et occupe une position bien implantée. Mais il arrive que ces deux autosaboteurs rivalisent, ce qui augmente encore la jouissance de ne pas être bien !

Quand le mal que l'on se fait prend une forme compulsive, quand il devient une sorte d'occupation à plein temps, il est parfois important et nécessaire de demander de l'aide pour comprendre l'origine de cette violence retournée contre nous-mêmes. Il n'est pas rare qu'elle remonte à des blessures et à des traumatismes précoces relatifs à l'histoire de nos parents, à notre vie fœtale, aux circonstances de notre naissance ou aux conditions qui ont présidé aux premiers mois de notre vie. La source peut également être liée aux messages, aux injonctions, aux missions de fidélité dans lesquelles nous nous sommes engagés et qui conditionnent l'essentiel de notre relation au monde.

Ouverture et passage

**Entre le plaisir d'avoir mal et le bonheur de souffrir,
je peux encore trouver le moyen de me désespérer
un peu plus quand je n'arrive pas à choisir entre les deux.
Je peux aller de l'un à l'autre selon mes humeurs
et le degré de masochisme que je veux entretenir en moi,
et veiller à ne pas me décourager en restant, au moyen
d'une souffrance sublime, dans l'entre-deux.**

« Mal soit mon unique bien ! »

Est-il possible d'aller plus loin dans cet inventaire, non exhaustif, des autosaboteurs sans évoquer un des foyers infectieux qui est à l'origine d'un des plus pernicieux d'entre eux ? Je veux parler d'une forme de défense paradoxale (inconsciente) de survie qui consiste à provoquer, ou à faire advenir par des moyens divers et variés, ce que nous craignons de voir arriver à notre insu.

Développer cette question m'emmènerait bien au-delà du cadre de cet ouvrage. Je me contenterai d'illustrer mon propos par quelques exemples, dont deux tirés de la littérature.

Je reprends dans le titre de cette section une invocation du poète Milton citée par Chateaubriand dans *Le Génie du christianisme*. C'est le diable qui parle : « Adieu, champs fortunés qu'habitent les joies éternelles. Horreurs ! Je vous salue ! [...] Mais si je me repentais, si par un acte de la grâce divine, je remontais à la première place ? [...] Un rang élevé rappellerait bientôt des pensées ambitieuses ; les serments d'une feinte soumission seraient bientôt démentis ! Le tyran le sait ; il est aussi loin de m'accorder la paix que je suis loin de demander la grâce. Adieu donc, espérance, et avec toi, adieu, craintes et remords ; tout est perdu pour moi. Mal soit mon unique bien ! »

« Ces derniers mots du diable, quel auteur en a-t-il fait son credo avec plus de ferveur et d'obstination que Genet[3] ? » Jean Genet semble avoir été, durant une grande partie de sa vie, dans cette dynamique-là, qui pourrait se traduire ainsi : « Pour ne pas avoir à subir le mal, je m'en empare et je demeure le seul à me l'appliquer, ne laissant à personne d'autre le soin de me faire du mal ou de le faire autour de moi ! »

Dans son étude des traits de caractère « surprenants », ou de certains types de destin, Freud a bien montré, à partir du théâtre de Shakespeare, qu'une dynamique semblable animait Richard III. Elle pourrait se résumer ainsi : « Puisque je suis exceptionnellement laid, que je sois une exception ! Puisque je suis le mal, que le mal soit mon bien ! [...] Puisque je ne suis pas aimable, que je sois un trouble-fête ! »

Restons avec Shakespeare.

Henri VI se termine par une invitation aux réjouissances lancée à la cantonade par le roi Édouard : « [...] Et maintenant il ne reste plus qu'à donner notre temps à des fêtes triomphales, à des spectacles réjouissants et comiques qui conviennent aux plaisirs d'une cour. Sonnez, tambours et trompettes ! Adieu, amers ennuis ! Car aujourd'hui, j'espère, commence notre joie durable. »

---

3. Dominique Eddé, *Le crime de Jean Genet*, Paris, Seuil, 2007.

Richard, duc de Gloucester, futur Richard III, ne supporte pas cet état de paix. Dans le monologue qui ouvre la pièce éponyme, il se plaint et déclame à voix haute ses pensées profondes avant de les replonger aux tréfonds de son âme à la fin de sa tirade.

« Donc, voici l'hiver de notre déplaisir changé en glorieux été par ce soleil d'York ; voici tous les nuages qui pesaient sur notre maison ensevelis dans le sein profond de l'Océan ! Donc, voici nos tempes ceintes de victorieuses guirlandes, nos armes ébréchées pendues en trophées, nos alarmes sinistres changées en gaies réunions, nos marches terribles en délicieuses mesures ! La guerre au hideux visage a déridé son front et désormais, au lieu de montrer des coursiers caparaçonnés pour effrayer les âmes des ennemis tremblants, elle gambade allègrement dans la chambre d'une femme, sous le charme lascif du luth. Mais moi qui ne suis pas formé pour ces jeux folâtres, ni pour faire les yeux doux à un miroir amoureux, moi qui suis rudement taillé et qui n'ai pas la majesté de l'amour pour me pavaner devant une nymphe aux coquettes allures, moi en qui est tronquée toute noble proportion, moi que la nature décevante a frustré de ses attraits, moi qu'elle a envoyé avant le temps dans le monde des vivants, difforme, inachevé, tout au plus à moitié fini, tellement estropié et contrefait que les chiens aboient quand je m'arrête près d'eux ! eh bien, moi, dans cette molle et languissante époque de paix, je n'ai d'autre plaisir, pour passer les heures, que d'épier mon ombre au soleil et de décrire ma propre difformité. Aussi, puisque je ne puis être l'amant qui charmera ces temps beaux parleurs, je suis déterminé à être un scélérat et à être un trouble-fête en ces jours frivoles[4]. »

« [...] et nous sentons alors, dit Freud, que nous pourrions devenir comme Richard, et même que nous le sommes déjà à une petite échelle. Richard est un agrandissement gigantesque de ce côté que nous trouvons également en nous. »

Les dynamiques des autosaboteurs fondées sur des défenses paradoxales de survie de ce type sont nombreuses et variées. Certaines sont récitées selon une logique fataliste des faits et des événements : « De toute façon, ce que je crains, ce dont j'ai peur, va finir par arriver, alors,

---

4. Shakespeare, *Richard III* (trad. de François-Victor Hugo), Paris, éditions Gallimard, Pléiade.

autant que cela arrive tout de suite et de mon propre fait, comme ça je serai tranquille, et j'aurai au moins la satisfaction d'y être pour quelque chose. Je préfère être actif plutôt que de me sentir impuissant et d'avoir à subir les choses. »

Tout se passe parfois comme si l'angoisse qui nous étreint s'atténuait une fois que nous sommes préparés à ce que nous redoutons, et que nos prévisions se réalisent. « Je le savais ! Je te l'avais bien dit ! C'était vu d'avance ! » Tout semble être préférable à l'imprévu, à l'inconnu, au non maîtrisé, au non maîtrisable. « Comment être sûr que je ne suis pas en danger si je baisse la garde ? J'ai peur de la surprise, de me faire avoir si je me laisse aller à rêver à un avenir avec elle. Je préfère me méfier d'emblée, c'est plus prudent ! »

« Puisque de toute façon je n'y peux rien, autant précipiter les choses, et de préférence dans le sens de la catastrophe pour moi et les autres ! Au moins, ça ne pourra pas être pire ! »

« Il s'intéresse à moi parce qu'il ne me connaît pas encore très bien. Mais il finira par se rendre compte de ce que je suis vraiment, une pauvre fille pas intéressante, alors il se détournera de moi et me quittera. Je le sais, c'est comme si c'était fait, autant le dissuader tout de suite ou lui mener la vie dure, lui rendre le quotidien insupportable. Comme ça, c'est moi qui me serai arrangée pour être abandonnée, pour qu'il parte. Ce sera ma décision, même si c'est lui qui la prend ! Et par-dessus le marché, je pourrai me plaindre d'avoir été quittée ! »

Les raisonnements extrémistes, radicaux, tortueux, ou même retors qu'empruntent les défenses paradoxales de survie ne s'encombrent guère de détails ou de nuances. Souvent, ils prennent racine dans un sentiment de culpabilité qui s'est incrusté très tôt et avec lequel celui qui en est porteur est aux prises en son for intérieur. C'est un peu comme vivre en se débattant avec un cordon ombilical autour du cou, ou être acculé dans une impasse. Le sentiment d'exister en est gangrené. Souvenons-nous de la tirade de Richard III vers la fin de la pièce.

« Qu'on me donne un autre cheval !... Qu'on bande mes blessures ! Aie pitié, Jésus !... Doucement... ce n'était qu'un rêve ! O lâche conscience, comme tu me tourmentes ! Ces lumières brûlent bleu... C'est maintenant le moment funèbre de la nuit : des gouttes de sueur froide se figent sur ma chair tremblante. Comment ! est-ce que j'ai peur de moi-même ? Il n'y a que moi ici ! Richard aime Richard, et je suis bien moi. Est-ce qu'il y a un assassin ici ? Non... Si, moi ! Alors, fuyons...

Quoi! me fuir moi-même?... Bonne raison! Pourquoi? De peur que je ne châtie moi-même... Qui? Moi-même! Bah! je m'aime moi!... Pourquoi? Pour un peu de bien que je me suis fait à moi-même? Oh non! hélas! je m'exécrerais bien plutôt moi-même pour les exécrables actions commises par moi-même. Je suis un scélérat... Mais non, je mens, je n'en suis pas un. Imbécile, parle donc bien de toi-même... Imbécile, ne te flatte pas. Ma conscience a mille langues, et chaque langue raconte une histoire, et chaque histoire me condamne comme scélérat. Le parjure, le parjure, au plus haut degré, le meurtre, le meurtre cruel, au plus atroce degré, tous les crimes poussés au suprême degré, se pressent à la barre, criant tous: Coupable! coupable! Ah! je désespérerai. Pas une créature ne m'aime!... Et, si je meurs, pas une âme n'aura pitié pour moi!... Et pourquoi en aurait-on, puisque moi-même je ne trouve pas en moi-même de pitié pour moi-même[5]?»

> **Ouverture et passage**
> Celui qui préfère avoir mal et même faire le mal parce que c'est quelque chose qu'il connaît bien ne peut entrer dans l'inconnu d'un bien-être rempli d'imprévisibles, de chausse-trappes et de réajustements nécessaires.

Puisque je le connais, je n'ai pas besoin de le découvrir

Certaines personnes sont persuadées qu'elles n'ont pas besoin de se donner la peine de découvrir ou de mieux connaître l'autre, car elles sont persuadées qu'elles ont une connaissance spontanée, intuitive de ce qu'est l'autre. «Dès le premier regard, j'ai vu à qui j'avais affaire.»

«Dès que je l'ai vue, j'ai senti qu'on se comprendrait sans même se parler!»

«À notre première rencontre, j'ai deviné qu'on serait sur la même longueur d'onde, pas besoin d'en savoir plus.»

---

5. *Ibid.*

À partir de ces prémices, avec lesquelles l'un s'approprie une connaissance implicite de l'autre sans avoir fait un réel effort pour le rencontrer et pour découvrir ce qu'il pourrait être dans la relation, il y a risque de fossiliser tout le devenir de cette relation, et par là même d'empêcher la rencontre réelle.

« Je connais ma fille mieux que moi-même, jamais elle ne ferait quelque chose qui pourrait nous décevoir ! »

« Je ne peux imaginer un seul instant que ma femme puisse fouiller dans mes affaires ou me fasse surveiller, ce n'est pas dans son caractère ! »

« Tout au fond de moi, je sais qu'il est profondément honnête, je suis sûre qu'il m'a aimée et qu'il ne peut donc chercher à me tromper. S'il me dit qu'il a des difficultés financières (même s'il roule en Porsche et qu'il a un bateau de 15 m dans le port de Cannes), c'est parce qu'il ne peut pas payer la pension alimentaire de ses trois enfants ! Il faut le comprendre, il a tant de choses à gérer ! »

Dans ce dernier cas, l'autosaboteur inhibe le jugement critique de la personne et lui fait nier une réalité qui paraît évidente à d'autres !

En se réfugiant dans l'illusion qui consiste à croire que l'on connaît bien ses semblables (et surtout ses proches), on évite de les rencontrer, et par là même de se remettre éventuellement en cause.

Ouverture et passage
Certains savent tout, mais s'ils ne savent que cela, ils n'accéderont jamais à la co-naissance de l'autre.

Se mentir à soi-même

Il est parfois difficile de ne pas tricher avec soi-même, de ne pas être tenté de faire quelques petits arrangements avec nos ressentis, nos perceptions et même nos sentiments. Difficile de ne pas demeurer dans la pénombre des demi-vérités, une stratégie si pratique pour masquer des aspects non avouables de nos comportements et de nos conduites. Mais ce faisant, nous savons que nous portons atteinte à notre discernement, à notre lucidité et par là même à nos choix de vie ou nos engagements.

Quand ma grand-mère affirmait que « le compromis n'est jamais très loin de la compromission ! », je crois que c'est de cela qu'elle parlait.

Cela dit, quand nous avons besoin de conserver de nous une image positive ou parfaite, cette tendance peut nous entraîner à reconstruire notre réalité intime, à remodeler nos sensations, et à produire des mensonges avec lesquels nous nous affirmons, vis-à-vis des autres et surtout de nous-mêmes, comme sincères et pleins de bonnes intentions.

« Je puis vous assurer qu'habituellement je ne suis pas indiscrète. J'ai ouvert cette lettre de mon mari tout à fait par hasard, sans savoir ce qu'elle contenait. Si j'avais su qu'elle me ferait découvrir sa trahison, jamais je n'aurais ouvert son courrier ! »

« Si vous me croisez si souvent sur votre route, c'est que le chemin qui borde votre maison est le plus pratique » (même si, en réalité, c'est un chemin épouvantable qui, de plus, allonge le parcours de 2 km !).

« Vous n'allez tout de même pas croire que j'avais oublié de payer ma dette ! Mais comme vous ne m'en parliez pas, je croyais que cela n'avait pas d'importance pour vous ! »

En trouvant des prétextes plausibles pour justifier ses actes et ses conduites, celui qui se ment à lui-même évite de se confronter à la réalité.

« Si vous aviez voulu vraiment nous voir, vous nous auriez donné des indications plus précises pour trouver votre maison de vacances. Nous avons tourné en rond durant plus d'une heure, et ce n'est qu'en rentrant à l'hôtel que j'ai pensé que j'aurais pu vous téléphoner ! »

Celui qui s'exprime ainsi se dédouane de ses propres défaillances.

D'autres tentent de modeler la réalité de l'autre sur la leur. Ils peuvent même attribuer à leur interlocuteur des sentiments ou des intentions qui correspondent à leurs propres désirs.

Le mensonge à soi-même n'est jamais perçu par l'intéressé comme un mensonge ou une tromperie ; sa sincérité est préservée, l'image qu'il a de lui reste intacte.

Ouverture et passage

On ne trompe que soi-même, et ce genre d'erreur laisse
plus de traces et d'impacts négatifs que de tromper autrui.
Garder son intégrité est une qualité d'être,
et elle est plus rare qu'on ne le croit.

Ne pas être là où je suis

Il est difficile, pour certains, de s'inscrire au présent, d'être vraiment là où ils sont. En leur présence, il nous est difficile de les rencontrer, de lier avec eux une relation vivante, concrète.

« Mon mari est toujours en partance. Même quand je le serre dans mes bras, j'ai le sentiment qu'il est ailleurs, déjà pris par tout ce qu'il a à faire. »

« Je vis avec un fantôme. Je vois trois personnages en elle. Une petite fille qui vit dans un passé qui ne lâche pas prise et l'enferme dans ses serres ; une femme angoissée qui se terre dans quelques coins d'avenir ; et, au quotidien, une ombre impalpable, immatérielle qui est ma femme. Une femme que j'ai épousée il y a vingt ans et que je n'ai jamais rencontrée. En fait, je me suis marié avec mon désir. J'ai cru qu'elle y répondrait parce qu'elle correspondait à une image que j'avais en moi depuis longtemps, l'image de celle qui serait ma femme, la mère de mes enfants, ma compagne de vieillesse. »

Être présent (ce qui veut dire aussi être un présent pour l'autre) suppose que l'on n'est pas tiraillé ou enfermé par un passé « persécutoire » ou trop prégnant, ni projeté en permanence dans un futur à vivre, mais que l'on est ancré, positionné, affirmé concrètement, avec la possibilité d'une présence réelle, concrète, qui peut se confronter à l'autre.

« Elle n'est pas toujours comme ça, mais certains soirs, au lit, je n'ai plus de femme. Je le pressens rien qu'à sa façon de se brosser les dents ou de ranger ses affaires de toilette. Je suis déjà couché et je sais que, ce soir, il ne se passera rien entre nous. Elle me sourit gentiment, prend un livre, se tourne légèrement et me congédie d'un : "Bonsoir, dors bien !" À partir de ce moment-là, elle est ailleurs, inaccessible ; elle n'est plus là pour moi. »

La difficulté à vivre le présent, à risquer de se reconnaître comme sensible, porteur d'émotions et de vulnérabilités, ou d'être reconnu comme réel, se traduit parfois par une hyperactivité, une fuite en avant ou une anesthésie, une insensibilité à l'instant.

Ouverture et passage
Vivre au présent pour éventuellement être un présent.

S'arranger pour ne pas entrer dans la réalité

On fait en sorte que la réalité ne devienne jamais totalement réelle en restant à la frange, au bord des rêves, à la frontière d'un imaginaire confus et inaccessible, et en fuyant dans le virtuel (que ce soit par Internet ou par d'autres moyens).

En se marginalisant ainsi, certains se rendent inapprochables. Ils ne permettent pas la confrontation avec les contraintes ou les exigences d'une réalité qu'ils refusent non seulement d'affronter, mais aussi de percevoir. Il y a parfois une véritable coupure, pour ne pas dire une rupture, entre ces personnes et l'environnement. Ceux qui tentent de les rencontrer se heurtent à une quasi-impossibilité d'échanger, de partager ou même d'établir un lien affectif.

« Je ne veux rien savoir des intentions de ma famille en ce qui me concerne, je n'entends même pas la voix de mon père quand il me parle ! Sitôt qu'il s'adresse à moi à table ou dans la voiture, sa voix se transforme en murmure inaudible, sans aucun sens. »

« Moins je parle, plus je reste avec moi-même. Je n'ai aucune envie de voir quelqu'un s'intéresser à moi. Je ne veux pas qu'on me propose de sortir, d'aller voir un film ou un spectacle, ou même d'aller au restaurant. Je ne comprends pas ceux qui veulent à tout prix communiquer avec moi. Ils n'ont rien à m'apporter et je n'ai rien à leur dire. »

« J'avais rencontré cet homme dans une exposition de peinture. Il restait longuement devant certaines toiles, et je pensais qu'il était intéressé. Quand je l'ai abordé pour lui demander s'il aimait le tableau qu'il fixait depuis plus de dix minutes, sa réponse m'a sidérée : "Je ne l'ai pas vu ; je préfère rester dans mes pensées." Je ne sais pas ce que cette réponse a touché en moi, mais je l'ai suivi durant deux heures, tentant quelques commentaires, puis l'invitant à prendre un café, ce qu'il a accepté. À la fin de l'après-midi, je n'en savais pas plus sur lui. Il éludait mes questions, ne répliquait à aucune de mes remarques, ne manifestait aucun intérêt pour ma personne. Pour mon malheur, je me suis attachée à lui, sans me rendre compte que moi seule nourrissais la relation, sans jamais avoir quelqu'un à l'autre bout. Je n'obtenais, à mes questions, que des réponses minimalistes sur lesquelles je ne pouvais rien déposer ou agrandir. J'ai vécu trois ans avec une espèce de zombi, qui ne m'a rien donné en échange, sinon l'espoir fou (que j'étais seule à nourrir) qu'un jour il changerait ! »

Imaginons la quantité d'efforts faits par celui qui adopte cette stratégie du refus, du non-contact, de l'évitement du réel pour rester vivant ou simplement en bonne santé ! Toute la vigilance dont il doit faire preuve pour rester sur l'arête, sur la ligne fragile qui sépare son univers intime du monde extérieur.

> **Ouverture et passage**
> Ne pas entrer dans la réalité pour ne pas avoir
> à en sortir et à se protéger ainsi des déceptions de la vie.

La croyance que les filles sont inférieures aux garçons

Cette croyance existe à la fois chez les garçons, chez certains hommes, et chez de nombreuses filles et femmes. Elle s'exprime souvent sur un mode ironique, à l'aide de nombreuses blagues sur les femmes (sur les blondes en particulier).

Elle se traduit par des commentaires sur les insuffisances féminines dans tel ou tel domaine, sur les manques des filles, leurs incapacités et leurs excès (émotion, vulnérabilité, sensibilité assimilée à de la sensiblerie, etc.).

Du côté des petites filles d'Elena Gianini Belotti, paru aux Éditions des Femmes en 1974, nous le confirme :

« L'opinion courante veut que les filles soient plus difficiles à éduquer que les garçons. Pourquoi ?

« Il est beaucoup plus difficile et pénible de contenir une énergie souvent impérieuse en prétendant qu'elle se replie sur elle-même, alors qu'elle ne tarde pas à s'atrophier lentement, que de lui laisser libre cours, et même de la stimuler en vue de réalisations concrètes. Il est plus simple de pousser un individu vers son développement que de réprimer la pulsion de réalisation de soi présente chez tous les individus, toute considération de sexe mise à part.

« Inhibée dans son propre développement, la fille est contrainte d'installer des mécanismes d'autodéfense pour ne pas succomber, surtout dans les cas où son énergie particulièrement vive a provoqué des répressions massives ; elle manifeste des traits de caractère qui ne sont pas du tout, comme on le pense, l'apanage du sexe féminin, mais sont simplement le produit de la castration psychologique opérée à ses dépens.

« Les petites filles *mécontentes*, capricieuses, pleurnichardes, *autodestructrices*, *paresseuses*, inertes, passives, *manquant d'intérêt*, *rebelles sans savoir exactement contre qui ni contre quoi, incertaines de ce qu'elles veulent* sont le résultat de cette opération : une catégorie d'êtres impuissants qui ont une conscience aiguë de leur situation et qui s'y débattent avec peur, hésitation, hystérie, dans un perpétuel état d'ambivalence envers eux-mêmes et envers les autres. »

Les exemples sont nombreux où des femmes expriment leur sentiment d'impuissance face à des comportements quasi automatiques dans leur entourage masculin, qui minimisent ou nient des capacités ou des ressources qu'elles possèdent sans pouvoir les mettre en œuvre. Des hommes produisent des lieux communs et des remarques blessantes qui invalident leurs relations avec des femmes.

« Chaque fois que les amis de mon mari envahissent notre maison, c'est l'occasion pour eux de raconter des blagues plus ou moins salaces, disqualifiantes et souvent blessantes sur mes amies ou les femmes qu'ils connaissent ou croient connaître. Quand je tente d'en parler avec mon mari, il minimise, me dit que cela ne prête pas à conséquence, que ce sont des survivances de leur période militaire. "On ne parlait que de ça !" me confirme-t-il. »

« À la maison, je voyais bien que mon père, et surtout ma mère, laissait passer plus de choses avec mon frère qu'avec moi. Qu'elle faisait preuve d'un plus grand laxisme et d'une plus grande compréhension face à ses frasques. "C'est pour te forger le caractère", disait ma tante. Je me révoltais souvent et j'étais alors l'objet de commentaires sur mon mauvais caractère. J'ai même été traitée d'hystérique le jour où l'on m'a traitée de poule mouillée parce que je pleurais après être tombée de vélo. »

Je considère cette croyance, entretenue par des comportements très différents de la part des parents dès l'âge du biberon tant sur le plan des gratifications que des exigences et des frustrations imposées aux filles, comme un autosaboteur, dans le sens où elle empêche beaucoup d'hommes de reconnaître et d'accéder à cette part de féminin en eux qui leur permettrait d'être plus complets et en harmonie avec eux-mêmes.

> *Ouverture et passage*
> Si l'on osait reconnaître la part du féminin et celle
> du masculin qui naviguent en chaque être, on accéderait
> à des relations entre hommes et femmes qui seraient moins
> violentes et moins conflictuelles.

Être la femme de...

Je ne sais pas si cet autosaboteur est spécifiquement féminin, mais c'est chez les femmes que je l'ai le plus fréquemment observé. Il consiste à n'exister qu'à travers le patronyme, le métier, le statut social de l'autre.

Cela commence par l'adresse notifiée au bas d'une lettre, au dos d'une enveloppe ou sur le carnet de chèques: Madame Jacques X, Madame Pierre Y, Madame François Z.

Avoir comme statut ou seule reconnaissance sociale le fait «d'être l'épouse de», c'est avoir le droit de jouir de l'immense privilège d'être celle sur qui peut s'exercer (de façon préférentielle) la mainmise, la cruauté ou le sadisme (au choix) du partenaire.

«Ne croyez pas qu'il est comme ça avec tout le monde! Au fond, c'est un brave homme, mais avec toutes les responsabilités qu'il a, il faut bien qu'il décompresse à la maison.»

«Je lui dis souvent qu'il a bien fait de m'épouser, car il ne doit pas en exister beaucoup qui accepteraient de supporter ce que je supporte! Heureusement que j'ai bon caractère!»

«C'est normal que je me définisse par rapport à mon mari, cela ne me gêne pas du tout, d'ailleurs, ma mère vouvoyait mon père. Mon mari m'a donné son nom, je me dois de le représenter, de lui faire honneur. Dans une soirée, à l'occasion d'un vernissage ou d'un cocktail, je mentionne toujours que je suis la femme de Jean M. On me félicite toujours. Un peu de son prestige retombe sur moi, cela me fait plaisir.»

Quand a-t-elle entendu qu'on le félicitait, lui, d'avoir une épouse comme elle?

Ainsi, certains n'existent que par rapport à l'autre. Il leur faut parfois lutter pour imposer un prénom, pour avoir une identité propre, pour être reconnu comme une personne à part entière.

« Pendant longtemps, on m'a présenté comme le fils du célèbre chef d'orchestre. Comme concertiste, je sentais que je n'avais pas un talent assez original pour retenir l'attention. J'ai dû me faire un prénom qui ait valeur de nom ! »

Parmi nos besoins relationnels vitaux, il y a celui d'être reconnu. D'être reconnu non seulement pour ce que l'on fait, mais pour ce que l'on est. Il faut parfois plusieurs décennies pour oser exister à part entière.

Ouverture et passage
Si je veux être reconnu, il vaut mieux que je prenne le risque de me montrer là où je suis, plutôt que là où l'on me place.

Parler pour ne rien dire

Même si je sais, tout au fond de moi, qu'on ne parle jamais en vain, qu'un jour ou l'autre une parole trouve le chemin d'une oreille, la résonance d'une écoute, il m'arrive parfois de sentir que des mots sont gaspillés, ou plutôt utilisés pour, justement, ne pas communiquer.

Le besoin irrépressible de parler, de jeter des mots pour remplir un vide intérieur, pour envahir l'espace entre l'autre et soi et l'empêcher peut-être d'approcher. Le besoin affamé de déposer sur l'autre des mots, de le noyer avec des bribes de notre histoire, avec le chaos de nos pensées, avec le bouillonnement de nos ressentis ou de nos sentiments, avec la plus infime de nos sensations. Ce besoin, quand il s'impose avec volubilité lors d'un échange (à sens unique), est épuisant, sinon étouffant pour celui qui le subit.

Il semble que la capacité de se taire pour laisser une place à l'expression de l'autre et à la décentration de soi nécessaire pour retenir des questions qui pourraient être indiscrètes ne se soit jamais développée chez ceux qui parlent pour ne rien dire. Celui qui impose sa logorrhée ne semble pas être conscient du fait que, plus il parle, plus il se coupe de son interlocuteur, plus il l'éloigne, plus il lui interdit de se rapprocher ou de le rejoindre.

« Dès qu'elle arrive au bureau, et avant même d'enlever son manteau ou de déposer ses affaires, ma collègue de travail commence à dévider la longue liste des incidents qui ont surgi au cours de sa soirée, durant la nuit et dès son réveil, puis tout au long de son trajet jusqu'à son entrée au bureau ! Son verbiage est si envahissant que, dès la deuxième ou troisième phrase, je décroche. Elle m'épuise, me saoule, me noie ! »

« Certains soirs, je redoute de rentrer chez moi, car je sais par avance que ma femme va encore me parler de sa mère ! Au bout de quelques minutes, son débit verbal s'accélère et je me sens à des années-lumière d'elle. Alors je me ferme et je suis incapable de l'écouter. Je voudrais bien, mais c'est au-dessus de mes forces. »

Ici, les mots ne sont pas utilisés pour communiquer, mais pour servir d'écran.

> **Ouverture et passage**
> Il est très difficile de remplir une bouteille déjà pleine avec un tonneau de deux cents litres que l'on déverse d'un seul coup.

S'arranger pour ne pas prendre de décision

« Moi, je laisse faire les choses, elles s'arrangeront bien toutes seules, il suffit d'attendre, d'être suffisamment patient. »

« Tu crois vraiment qu'il faut intervenir ? Tu sais, moi, à ta place, je laisserais le temps faire son œuvre. »

« Ce n'est pas à moi qu'il faut demander de prendre une décision, tu sais bien que j'en suis incapable ! »

Ne pas prendre de décision, éviter de s'engager, s'en remettre au destin, ne pas intervenir sont autant de positions relationnelles qui peuvent parfois se révéler judicieuses. Mais quand elles sont érigées en système, il convient de s'interroger.

Certains s'organisent de façon à ne pas prendre la décision qu'ils souhaiteraient prendre, soit en la faisant endosser par un autre, soit en restant dans l'immobilisme du non-choix. Ce qui entraîne plusieurs conduites possibles. Ou bien ils jouent les victimes incomprises : « Je ne comprends pas, après tout ce que j'ai fait pour toi, c'est toi qui veux me quitter ! » ; ou ils s'opposent à la décision prise par l'autre, ou tentent de la saboter ; ou ils se réfugient dans la pseudo-compréhension : « C'est normal que tu veuilles me quitter, je n'ai jamais su te comprendre ! » ; ou ils proposent leur aide dans la réalisation de la décision prise par l'autre (qu'ils souhaitaient sans oser la prendre) : « Si cela peut t'aider, je peux te trouver un avocat pas cher pour notre divorce ! »

Cet autosaboteur se diversifie et s'enrichit quand, en plus, la personne s'arrange pour prendre soit la décision la plus catastrophique, soit celle qui lui demandera le plus d'énergie :

« Ma voiture est tombée en panne en pleine campagne. Un paysan m'a emmené chez lui et m'a assuré qu'il pourrait la remorquer avec son tracteur jusque dans la cour de sa ferme. J'étais d'accord (il n'a pas précisé quand il pourrait le faire). J'ai téléphoné à un taxi pour qu'il vienne me chercher pour me déposer à la ville voisine, où il y a un concessionnaire de la marque. Le concessionnaire et moi avons convenu qu'il irait chercher la voiture le lendemain à la ferme de Monsieur X. Je suis rentré chez moi en train. Mais j'avais oublié les clés de mon appartement dans la voiture. Alors j'ai contacté le concessionnaire, qui n'avait pas trouvé le paysan chez lui, ni ma voiture dans la cour. J'ai donc refait le voyage inverse pour récupérer les clés de mon appartement. Mais, entre-temps, croyant m'aider, le paysan avait emmené ma voiture chez le garagiste du village, qui avait commencé à démonter le moteur. Il attendait mon feu vert pour commander la pièce manquante au concessionnaire, celui-là même qui était censé prendre mon véhicule ! Pendant huit jours, j'ai vécu un cauchemar sans fin, chacun des protagonistes de cette histoire cherchant à joindre l'autre sans le trouver. »

D'autres personnes s'acharnent à prendre de mauvaises décisions pour éviter d'avoir à prendre celle qui leur conviendrait le mieux.

Cette femme veut acheter un nouvel appartement, mais pour pouvoir réaliser cet achat elle doit vendre celui qu'elle possède et qu'elle habite. Elle parle de ce projet à une amie. Celle-ci, voulant l'aider, lui propose de lui louer une chambre et de lui prêter son garage pour entreposer ses meubles. La femme accepte, mais ne fait aucune démarche pour concrétiser son accord.

En fait, la décision qu'elle a prise (à l'intérieur d'elle-même), c'est de négocier avec l'acheteur potentiel de son appartement afin qu'il l'achète tout en lui laissant la jouissance des lieux jusqu'à ce qu'elle ait trouvé autre chose. Mais l'acheteur lui a signifié qu'il achetait à condition de pouvoir emménager immédiatement. La discussion s'éternise pendant plusieurs semaines, jusqu'au jour où l'acheteur potentiel lui signale qu'il a trouvé un autre appartement. Le problème, c'est qu'il le lui annonce quelques jours après qu'elle a signé une promesse d'achat pour l'appartement qu'elle désire acheter, qu'elle ne pourra pas payer puisque le précédent n'est pas vendu ! À partir de ce moment, elle ne cesse de relancer son amie pour la location de la fameuse chambre, tout en sachant très bien qu'elle ne pourra pas la louer tant qu'elle n'aura pas vendu son appartement ! Le cercle des pseudo-décisions l'enferme alors dans une situation sans issue…

En investissant beaucoup d'énergie dans une décision qui ne débouchera sur rien, on évite de prendre la décision qu'il est nécessaire de prendre, mais qui nous engagerait davantage, alors qu'on ne le souhaite pas réellement ! Ainsi, l'autosaboteur remplit bien sa mission !

> ### Ouverture et passage
> Passer du désir au projet demande que l'on ait le souhait
> de sortir ce désir de son imaginaire afin de l'inscrire
> dans la réalité. Mais passer du projet à la réalisation demande
> en plus que l'on soit prêt à réaliser ce désir.

Le besoin de transgresser

Avec un mélange d'inquiétude et de fierté sous-jacente, cette femme me dit : « Je ne peux pas m'empêcher de transgresser les interdits, de m'opposer aux contraintes, de dépasser les limites, c'est plus fort que moi. Je ne sais pas quel est l'enjeu de tout cela, ni quelle preuve je dois faire, et aux yeux de qui, mais ce que je sais, c'est que cela entraîne des conséquences que je paie très cher. Mais cela ne m'arrête pas pour autant ! »

« Je sais qu'il ne me reste qu'un point sur mon permis et que, s'il m'est retiré, ce sera catastrophique pour moi, mais je continue à rouler à du 110 là où je devrais rouler à du 90, et, sur les autoroutes, je dépasse souvent le 150! Tout se passe comme si j'avais l'intime conviction que je vais quand même m'en sortir, que j'arriverai à persuader les flics que je ne pouvais pas faire autrement. Je vis dans le plaisir de la transgression. C'est plus fort que toutes les sanctions! »

« J'avais déjà été condamné à une peine ferme avec trois ans de sursis pour attouchements sur une petite fille. Mais cela ne m'a pas empêché de recommencer avec des enfants encore plus jeunes. Je savais que j'aggravais mon cas et, lorsque je me suis fait prendre, ma condamnation a été majorée. De plus, cette arrestation a bousillé la belle relation que j'avais entreprise avec une femme à qui je commençais à m'attacher, une relation qui aurait pu déboucher sur quelque chose de durable. Elle s'est enfuie, bien sûr, quand elle a découvert cet aspect de ma personne. »

Le besoin de transgresser une règle, une loi, de ne pas tenir compte d'un interdit ou d'un tabou, de traverser un obstacle sans en mesurer les conséquences est parfois si impérieux que tout jugement critique est annulé, et toute référence à la raison anesthésiée. Se montrer le plus fort et, surtout, rester dans l'illusion que rien ne sera dévoilé, qu'on ne se fera pas prendre, qu'on passera à travers. La transgression agit souvent comme un excitant.

« Au travail, il m'arrive quelquefois de piquer des feuilles de papier blanc, d'emporter des trombones ou des stylos à bille, et même de prendre des rouleaux de papier hygiénique. J'ai chaque fois la même pensée protectrice : "Personne ne s'en rendra compte." Je gagne bien ma vie et je n'ai pas réellement besoin de tout ce que je dérobe, mais le plaisir qui est lié à cette pensée : "Je suis seul à le savoir" est très fort.

« Ma maîtresse, qui est mariée, m'a bien recommandé de ne pas téléphoner chez elle, de ne pas me promener dans son quartier, et encore moins dans sa rue. Rien n'y fait. C'est comme si ses interdits me stimulaient. Je l'appelle donc au téléphone et, si c'est elle qui répond, je dis simplement : "Coucou, c'est moi!" puis je raccroche. Si c'est son mari, je murmure : "C'est une erreur!" Je rôde en voiture dans son quartier, je me gare dans sa rue; je fais même des courses dans les magasins qu'elle fréquente. J'ai besoin de mettre à l'épreuve les limites qu'elle m'impose. Je sens qu'un jour je vais provoquer un esclandre, un scandale, et que je vais la perdre, mais je le répète, c'est plus fort que moi! »

Le transgresseur sait, tout au fond de lui, qu'il peut détruire une relation à laquelle il tient, ou provoquer un retournement de situation qui lui sera préjudiciable, avec parfois de graves conséquences. Mais il y a en lui comme un insatiable besoin de défier. Il veut constamment tout remettre en jeu, mais davantage en ce qui le concerne qu'en ce qui concerne la réalité.

« J'ai été longtemps un transgresseur. Un transgresseur un peu infantile, qui se lançait des défis à lui-même et mettait un point d'honneur à tenir bon, quoi qu'il arrive. Comme descendre une pente en vélo et traverser un carrefour les yeux fermés. Lorsqu'il y avait une ligne jaune, je roulais dessus, bien entendu. Aux feux rouges, je m'avançais au maximum, empiétant largement sur le passage clouté, pour m'élancer sitôt le feu passé au vert ! »

Le fait de transgresser procure un plaisir narcissique très intense auquel il est difficile de renoncer, et cela d'autant plus que les sanctions n'arrivent parfois qu'après quelques années. C'est comme si la réalité se modelait aux actes, s'ajustait aux comportements sans qu'il y ait de conséquences immédiates pénibles ou graves.

Ouverture et passage

Le transgresseur est dans la dynamique du prendre, celle du « forcing », où il impose ce qu'il croit être sa volonté et son désir. Mais, ce faisant, il risque de ne jamais connaître le plaisir d'un accord partagé et amplifié par l'acceptation de l'autre.

Pourquoi cela m'arrive-t-il à moi ?

Jane Birkin chantait cette chanson de Serge Gainsbourg, avec plus de tristesse dans la voix qu'il n'aurait été nécessaire :

Fuir le bonheur de peur qu'il ne se sauve
dis-moi que tu m'aimes encore si tu l'oses
j'aimerais que tu te trouves autre chose
de mieux...

Jane s'est-elle jamais interrogée ? Pourquoi cela m'arrive-t-il à moi de chanter ce qui fait mon désespoir, à la demande de celui qui le suscite ?

Parlons maintenant de celui ou de celle qui se demande, après avoir reçu une marque d'attention, un cadeau, une gratification : « Pourquoi moi ? Mais pourquoi cet homme s'intéresse-t-il à moi, alors qu'il y a tant de femmes tellement plus belles, plus intelligentes, plus passionnantes que moi ! Il a dû se tromper, et quand il se réveillera, il sera déçu, c'est sûr, et il m'en voudra de l'avoir trompé sur ce que je suis réellement ! »

Lorsqu'on doute de sa valeur, de sa capacité de susciter l'attention de l'autre, cette interrogation empêche, dans beaucoup de cas, de recevoir. C'est un frein à la construction d'une relation fiable, car un doute reste sans cesse présent. Et les inhibitions qui en découlent déclenchent souvent ce qu'on redoute.

« Pourquoi moi ? Elle a dû se tromper, ou alors elle a vu en moi quelqu'un d'autre, ou une qualité qu'elle croit que j'ai ! Il faut que je fuie avant qu'il ne soit trop tard ! Quand elle découvrira la vérité, c'est sûr, elle me rejettera ! »

Celui qui vit avec cet autosaboteur va se donner les moyens de confirmer chez l'autre les doutes qui le tenaillent, au point de mener une vie grise et monotone dans laquelle il fera tout pour ne pas attirer l'attention, de peur de révéler qu'il est... ce qu'il est !

Ouverture et passage
En déposant mes doutes sur l'autre, je lui attribue ma non-confiance et c'est lui qui devient non fiable.

Cet homme est agité de violentes colères chaque fois qu'il entend l'écho de critiques sur son comportement et sur sa vêture. Il trouve scandaleux qu'on porte sur lui ce qu'il appelle des jugements de valeur. Pourtant, quand je vois comment il s'habille, avec trente kilos en trop, un ventre qui déborde sur un pantalon avachi qui n'a pas vu le nettoyeur depuis des mois, un t-shirt souillé de taches suspectes, et des chaussures qui n'ont pas été cirées depuis la date d'achat, je dois me refréner pour ne pas lui faire de remarques. Je suis étonné qu'il ne perçoive pas le lien qu'il y a entre son aspect physique négligé et le regard que les autres portent sur lui !

Dans son travail, cette jeune femme doute d'elle-même et, en même temps, veut obtenir la confiance de ses collègues. Pourtant, elle ne peut s'empêcher de poser des questions, de demander des conseils, de vérifier auprès des autres ce qu'ils pensent de ce qu'elle fait. Elle déclenche ainsi, dans son entourage professionnel, des doutes sur ses capacités.

« Je ne comprends pas pourquoi on ne me croit pas. Quand je dis quelque chose d'important, on croit toujours que je plaisante ! » dit cet homme. Ses proches lui rétorquent qu'il plaisante souvent, en effet, qu'il tourne tout ce qu'on dit en dérision et que, par conséquent, ses propos ne sont pas considérés comme fiables.

« J'ai bousillé une voiture toute neuve, elle avait à peine 2500 km. D'accord, je roulais un peu vite, je voulais tester ses réactions, mais quand même, à seulement 150 à l'heure, elle aurait dû tenir le coup dans ce virage ! »

« Ma femme m'avait bien averti que si j'avais une relation extra-conjugale, elle me quitterait. Et elle m'a quitté. C'est pas croyable. Je croyais qu'elle tenait à moi plus que ça ! »

Ouverture et passage
Même si je m'étonne du rejet que je déclenche autour de moi en raison de mes comportements, je peux quand même me demander en quoi il est si important pour moi de provoquer ce rejet !

La recherche acharnée ou compulsive de réassurance

Le besoin d'être rassuré, d'avoir la confirmation « que tout se passe bien », « que je vais bien » ou « que tu vas bien, car je n'ai pas reçu de nouvelles de toi depuis quelques jours et je me demandais si tout allait bien », est tout à fait normal, mais il s'impose parfois avec une telle insistance (ou avec une telle violence) dans une relation qu'il peut la parasiter.

« Docteur, je vais bien, mais c'est justement ce qui m'inquiète, j'aimerais que vous preniez ma tension, car j'ai l'impression qu'elle est un peu basse (ou trop haute), bref, pas normale. »

« Je reviens vous voir parce que vous avez oublié de me dire si je devais continuer de marcher tous les jours comme vous me l'avez conseillé. Si c'est le cas, j'emporterai mon téléphone portable, mais j'ai besoin de votre numéro pour pouvoir vous joindre au cas où j'aurais un malaise... »

Certaines mères essaient de garder le contrôle sur leur enfant devenu adulte en lui demandant de les appeler tous les jours : « Tu comprends, c'est important pour moi de savoir si tu vas bien ! » ou « Tu es ma seule fille, alors c'est normal que je te demande où tu es, ce que tu fais, car je m'inquiète pour toi. »

Ce besoin pressant, compulsif de réassurance, qui a pour but d'obtenir de l'autre infirmation (ou confirmation) de nos inquiétudes, peut envahir tout l'espace d'une relation, au point de la stériliser et de déclencher l'effet opposé.

« Dis-moi que tu penses que je ne suis pas comme je pense que je suis ! »

« Je voudrais savoir ce que tu penses réellement de moi. Tu crois que je suis aussi pénible que mes collègues le disent ? »

« Je me demande parfois si tu m'acceptes telle que je suis. Je sais que je peux être pénible, mais, tu comprends, tu es mon meilleur ami et je n'ai personne à qui demander ce genre de chose ! »

Il y a aussi ceux qui appellent au téléphone plusieurs fois par jour, pour demander : « Tu es sûre que je ne t'embête pas ? » ou « Tu es certain de vouloir m'aimer encore ? » ou « Tu es bien certain de m'aimer malgré mon mauvais caractère ? » ou « Si tu en aimais une autre, tu me le dirais, hein ? » ou « Si je disparaissais, tu serais plus libre, tu pourrais faire ce que tu veux. C'est vrai que j'ai besoin de toi, mais ne crois pas que je veuille m'imposer. »

Tout un jeu complexe d'échanges s'articule autour de ce scénario : « Je ne me fais pas confiance, mais je te demande de faire confiance à une personne qui n'a aucune confiance en elle ! »

De telles conduites sont sans fin. Elles visent à mettre l'autre en dépendance : il doit confirmer l'inquiétude ou l'éloigner. En essayant de rassurer, il entretient le système et collabore à l'autosaboteur de l'autre. Il peut aussi faire le yoyo, s'éloigner et se rapprocher, pour s'éloigner à nouveau, alimentant ainsi la dépendance de l'autre.

> *Ouverture et passage*
> Plus tu me rassures, plus tu nourris mon inquiétude.
> La preuve, c'est que tu éprouves le besoin de me rassurer.
> C'est donc que j'avais raison de m'inquiéter !

Je ne demande rien, mais j'attends beaucoup

Cet autosaboteur se manifeste essentiellement sur des registres non verbaux, par des mimiques accentuées, des gestes de dénégation, des hochements de tête aux sens multiples, des regards qui fuient, des attitudes « en partance », signifiant à la fois : « Non, non, ce n'est pas la peine, ne t'inquiète pas, je n'ai besoin de rien, ça ira comme ça, mais ne me laisse pas seul, fais quelque chose, quand même ! » et : « Tu devrais insister, tu ne vois pas que j'ai besoin que tu me répondes sans que je doive le demander ? »

C'est un jeu relationnel vieux comme le monde, qui pourrait s'énoncer ainsi : « Tu dois comprendre que tu n'en fais jamais assez pour moi ! » ou encore : « Cours après moi que je t'attrape ! »

Les messages implicites sont multiples et peuvent se contredire sans s'annuler pour autant.

« En ne te demandant rien, je teste ton amour, je mets à l'épreuve notre relation, je vérifie si je suis encore important pour toi. C'est à toi d'entendre ma réserve et mon silence et d'y répondre sans me les reprocher, et sans les mettre trop en évidence aux yeux des autres. »

« Ne crois surtout pas que je ne suis pas intéressé par ce que tu fais pour moi, continue de le faire, mais n'en parle surtout pas ! C'est bien comme ça. »

C'est tout un art, dans lequel il y a deux artistes complices. L'un excelle dans l'art de ne rien demander tout en attendant beaucoup de l'autre, art subtil qui irrigue le quotidien par une pression constante, tissée de mille petits signaux, et l'autre, la personne proche dont tout l'art est de capter les signaux sans jamais se tromper, doit y répondre sans en faire trop, garder la bonne distance sans se décourager, avec pour seule récompense le sentiment d'être bien à sa place.

Dans certaines relations intimes, l'enjeu est vital.

« C'est une preuve de confiance aveugle, regarde comme je tiens à toi ! Je sais que tu vas t'occuper de moi sans que je le demande. Je sais que tu m'entends, même dans mes silences. Si je devais demander, tu me perdrais ! »

Ainsi, dans quelques circonstances bien précises, l'autosaboteur fonctionne sans risque. Il lui suffit de rencontrer le partenaire idoine qui ne le sabotera pas !

> **Ouverture et passage**
> En ne demandant rien, je te donne l'occasion
> de me donner beaucoup, à toi qui as tant besoin de donner.

Je me sens supérieur, donc j'ai raison...

Se sentir supérieur aide certainement à ne pas se décourager et permet de ne jamais renoncer, de traverser les difficultés sans jamais démissionner, sans jamais s'abandonner au désespoir.

Cette certitude peut également encourager la personne à ne pas prendre de repos et du temps pour elle.

« Il fut une époque où je me sentais supérieur aux autres. J'avais une telle confiance en moi qu'elle me faisait affirmer, sans avoir de connaissances réelles, un certain nombre d'idées que je voulais imposer comme étant des vérités absolues auxquelles mes proches devaient adhérer. Je polluais mes relations au point que je faisais le vide autour de moi sans en avoir réellement conscience. »

« Je me sens supérieur à vous et vous devriez être flatté que je me commette en votre compagnie. »

Ce n'est pas énoncé de façon aussi claire, mais le message reste constant.

« Je me sens supérieure à tout le monde, je ne comprends pas pourquoi je vis au milieu de tous ces gens qui ne sont pas de mon niveau. Conclusion : je n'attends rien d'eux, je n'ai besoin de rien. D'ailleurs, je ne peux rien recevoir de ces gens, c'est à moi de donner. J'ai l'impression que ceux qui veulent me donner tentent de m'humilier, qu'ils font sem-blant de ne pas voir que je leur suis supérieure, qu'ils font exprès de me proposer ce dont je n'ai pas besoin. Toute relation trop proche avec les autres est pour moi un enfer. »

Ainsi s'exprime cette femme qui a tout (c'est un commentaire que j'ai entendu la concernant) pour être heureuse. Elle est belle, mariée à un chef d'orchestre célèbre, entourée de belles choses ; elle vit dans une quiétude matérielle sans aléas. Et pourtant elle est insatisfaite, courrou-cée, vindicative dès que quelqu'un s'intéresse à elle, veut lui donner quelque chose, fait mine de lui offrir un peu de tout ce qu'elle prétend avoir. Alors qu'elle vit dans une pauvreté relationnelle tragique.

« Tout est problème dans ma vie, les gens croient que je devrais être heureux et comblé avec tout ce que j'ai, mais ils ne savent pas à quel point il faut avoir les reins solides, les pieds sur terre, la tête bien faite et beaucoup de courage pour vivre ce que je vis. »

Le sentiment de supériorité peut être relié à une image de soi hyper-valorisée. Elle l'est en raison de la capacité de ces personnes d'affron-ter une foule de problèmes à la fois, là où beaucoup d'autres perdraient pied : « N'est-ce pas que je suis une femme extraordinaire de vivre avec un type qui boit, qui n'est jamais là, qui me laisse tout gérer, qui ne voit pas que je rattrape les gaffes qu'il fait dans son entreprise ? Il serait ruiné depuis longtemps si je n'étais pas là pour veiller au grain ! »

Les témoignages abondent sur ces gens qui se noient mais ne s'en-foncent jamais, qui surnagent à l'aide d'une bouée symbolique qui les maintient la tête hors de l'eau : le sentiment d'être supérieur !

« Je me suis longtemps couchée tôt pour tenter, sans y parvenir, de fuir une relation familiale conflictuelle. Mon malheur, c'est d'avoir beau-coup reçu de mes parents sur le plan matériel. Toute ma jeunesse, j'ai culpabilisé parce que je me considérais comme "supérieure" à eux. Pour compenser, je me suis toujours débrouillée pour leur devoir plus que je ne pouvais leur donner. Dites-moi comment je pourrais recevoir d'eux sans déchoir à mes propres yeux ? Comment je pourrais honorer mes parents et m'accepter, me sentir digne d'amour, avoir suffisamment de confiance en moi pour ne pas continuer à me saboter encore aujourd'hui dans ma vie de femme ? »

Je ne sais comment aider cette femme, mais je sais qu'il lui sera difficile de renoncer à son autosaboteur préféré : se croire supérieure à tous !

> *Ouverture et passage*
> Il faut beaucoup d'humilité (ou la capacité de faire de l'humour à ses dépens) pour renoncer à avoir raison à tout prix, surtout quand on est persuadé que l'on a toujours raison!

Je peux, si je le veux, faire autre chose que ce que je fais

Un grand nombre de personnes croient au pouvoir de leur volonté. Elles ont la certitude, fortement ancrée, qu'elles sont capables de décider qu'elles peuvent être ce qu'elles veulent être, et faire ce qu'elles veulent faire.

« Moi, je suis persuadé que je peux arrêter de fumer quand je veux. Pour l'instant, je n'en ai pas envie, c'est tout! »

« D'accord, je bois un peu trop, mais je ne perds jamais le contrôle, et de toute façon je sais que je peux arrêter quand je l'aurai décidé. Il suffit que je le veuille! »

« Je sais que mon mari me trompe, mais pour l'instant ma seule volonté est de sauver notre couple, d'autant plus que je sais que ce qu'il fait ailleurs ne compte pas. Je suis convaincue qu'un jour il comprendra que la seule personne qui l'aime vraiment, c'est moi. Si j'étais persuadée du contraire, je le quitterais tout de suite, sans hésiter un seul instant. »

Comme toute croyance, ces croyances-là ne peuvent être remplacées que par une autre croyance. Mais tant qu'elles sont en place, elles sont l'équivalent d'une certitude indestructible. Certitude très souvent illusoire, puisque nous ne faisons jamais autre chose... que ce que nous faisons.

Pour se traduire dans les faits, cette croyance, qui consiste à croire que nous pourrions faire autrement, supposerait non seulement que nous le voulions, mais que nous en prenions les moyens. En nous arrangeant pour ne pas nous donner ces moyens, nous agissons comme si nous avions décidé de ne rien changer, pour l'instant. Tout cela avec le soutien d'un tas de raisons, d'arguments et de justifications : « Pour que je le veuille, il faudrait que les circonstances soient différentes, que la pression exercée sur moi disparaisse, que l'enjeu en vaille vraiment la peine ou que je sois différent de ce que je suis! »

Cet autosaboteur a la vie longue ; il met au défi les tentations, les encouragements ou les tentatives de changement. Il permet à celui qui le nourrit de continuer à croire qu'il garde le contrôle, qu'il maîtrise les influences extérieures, qu'il peut résister aux apparences qui se liguent contre lui. Il lui permet de croire que le jour où il voudra changer, il y parviendra aisément, sans problème !

> *Ouverture et passage*
> **Nous savons créer de nombreuses fictions pour survivre, mais il arrive un moment où c'est vivre qui devient prioritaire. Ces fictions se révèlent alors embarrassantes et lourdes à porter.**

Confondre sentiment et relation

La collusion entre sentiment et relation est extrêmement fréquente dans l'esprit et le cœur de certains. Comme si le fait d'aimer allait combler toutes les lacunes de la relation, dissoudre les malentendus, purifier les pollutions inévitables qui dévoient certains échanges et rendent le partage difficile. Cette confusion est nourrie par une foi en la toute-puissance de l'amour humain. Elle repose surtout sur la croyance, partagée par beaucoup, dans les vertus thérapeutiques de l'amour.

« Je suis sûre que, grâce à mon amour, il va guérir. »

« Il ne peut ignorer toute sa vie combien je l'aime. Le jour où il prendra conscience de cela, c'est certain, il va arrêter de boire, de me frapper. »

« Quand elle découvrira que personne ne l'aime autant que moi, elle reviendra. Elle sentira bien que les autres ne l'aiment pas réellement. »

« Je ne comprends pas ce qu'elle me reproche. D'accord, je n'ai pas un caractère facile, et parfois j'explose un peu, mais je l'aime, c'est ça qui compte, elle devrait le comprendre, quand même ! »

Je ne connais pas d'autosaboteur plus fortement ancré, plus terrible, devrais-je dire, que cette croyance qui consiste à se persuader qu'en offrant à celui qu'on aime sa propre liberté d'être, en renonçant

à s'affirmer devant lui, en évitant de se définir ou de marquer sa différence, cela permettra, d'une part, de lui donner plus d'amour et, d'autre
part, d'en recevoir davantage. Et de croire, par la même occasion, que
la relation ira en s'améliorant.

Les sentiments et la relation se situent sur deux registres qui sont
plus cloisonnés qu'on ne l'imagine. Nous pouvons aimer une personne
à la folie et lui imposer, en dépit de cet amour, une relation invivable,
voire destructrice.

« Chaque fois, la discussion repartait sur le même thème : il tentait
de me prouver que le plus important, c'était les sentiments qu'il avait
pour moi. Il m'aimait, et cela devait suffire pour que j'accepte qu'il ait
d'autres relations, qu'il disait "sans importance".

« Pendant des années, j'ai tout fait (j'étouffais !) pour lui. Je dérou-
lais le tapis rouge, j'avais organisé parfaitement notre vie pour lui éviter
tout désagrément. Toute ma créativité était à son service afin qu'il puisse
se consacrer entièrement à sa clientèle (il était chirurgien). Dans notre
quotidien, je me comportais comme les infirmières de son bloc opéra-
toire, j'étais attentive, le regard toujours sur lui, prévoyante, anticipant
ses gestes et répondant à ses demandes avant même qu'il ne les exprime.
Je mettais ma vie à son service, puisque je l'aimais ! Ce fut difficile pour
moi de comprendre qu'il consommait mon amour, qu'il le prenait sans
rien donner en retour, sans m'offrir la moindre marque d'attention, de
tendresse, d'amour ! Tout cela, c'est à une autre qu'il le donnait ! Il
menait une double vie, où les enjeux étaient totalement inversés. Avec
moi, il avait l'intendance qui lui permettait de bien gagner sa vie ; avec
elle, il avait les sentiments, le plaisir, et c'était lui qui assurait l'intendance, puisqu'il l'entretenait. Aujourd'hui, je me demande si j'ai bien
fait de le quitter, car j'ai tout perdu. Même si je n'avais pas ses sentiments, j'avais au moins sa présence et une partie de ses revenus. Je suis
quasiment à la rue, je vis comme une pauvresse, avec des ressources
minimales. »

Et cette femme ajoute : « Au fond, j'aurais pu continuer à l'aimer
tel qu'il était, pour la part de lui qu'il consentait à partager avec moi.
Peut-être aurions-nous pu vieillir ensemble, lui vivant sa vie en dehors
de moi, moi lui offrant la mienne sans conditions. »

Il n'y a pas de réponses équitables à ce type d'interrogation. Il doit
exister de nombreux couples qui ont survécu de cette façon, sans oser se
l'avouer ou le mettre en évidence.

« Je ne me rendais pas compte que j'étais complètement aliénée, que je ne vivais que dans l'attente d'un appel de sa part : dès le matin, pour savoir si nous allions pouvoir déjeuner ensemble ; dès le début de l'après-midi, pour envisager une soirée ; tard dans la nuit, avec l'espoir qu'il pourrait se libérer quelques minutes pour me rejoindre. Quand il me confirmait sa venue, j'étais emplie de reconnaissance. Mais, après son départ, j'avais des bouffées de haine contre moi-même. Je me détestais d'avoir accepté si peu. Et pourtant, le même scénario se reproduisait dès le lendemain. Cette folie relationnelle a duré près de quinze ans. Cet enchaînement formait un tout inébranlable qui se répétait avec une constance sans fin. Chaque élément du puzzle était à sa place et se positionnait tout seul, du moins je l'ai cru pendant longtemps. »

Quelle prise de conscience, quelle ouverture, quel événement déclencheur s'est produit chez cette personne pour qu'elle cesse d'entretenir une relation à la fois nécessaire et insatisfaisante pour elle, je l'ignore. Nous évoluons, grandissons de l'intérieur avant de faire quelques pas en dehors de nos carcans ou de nos prisons.

« Je souffrais, mais ma souffrance se transformait en plaisir. Je ne peux pas vous dire comment se produisait cette alchimie paradoxale. Je crois d'ailleurs que, s'il n'y avait pas eu ce plaisir, cette relation serait devenue insupportable. Tout se passait comme si chaque souffrance était nécessaire pour que je continue à exister, à me recréer, à m'inventer. Comme si m'annuler, me nier comme je le faisais était une preuve d'amour exigée par l'autre ; comme si je la lui offrais sans contrepartie. Comme si je lui disais avec ma souffrance : "Regarde, regarde comme je t'aime !" Avec le plaisir malsain d'être la seule à le savoir. »

Tel père, telle mère aura du mal à comprendre que sa fille ou son fils s'éloigne, refuse de poursuivre la relation, se tient à distance. « Je ne comprends pas, c'est mon fils unique, je n'ai que lui, il sait que je n'aime personne au monde plus que lui et il ne répond jamais à mes lettres, refuse de m'appeler au téléphone ! » La pression que certains parents tentent d'exercer sur leur enfant, basée sur des plaintes, de la culpabilisation, des reproches, ne fait qu'agrandir le fossé, fait fuir l'ex-enfant devenu adulte qui souhaiterait des relations de partage, en réciprocité.

« Nous sommes les forgerons de nos propres chaînes, et le plus souvent de très habiles artisans », répétait ma grand-mère, qui savait de quoi elle parlait.

> *Ouverture et passage*
> Quand notre regard nous renvoie notre seul regard,
> il est difficile de changer à la fois de miroir et de regard !

Faire une fixation sur ce qu'on n'a pas

Se centrer sur le manque ou faire une fixation sur tout ce qu'on n'a pas est une activité qui n'a pas de fin. Car il y a, de par le monde ou dans une vie, plus de choses que l'on n'a pas que ce que l'on peut avoir !

« À l'époque, on se voyait deux fins de semaine par mois. Et chaque fois, dès le lundi, elle me tenait durant plusieurs heures au téléphone pour me raconter en détail tout ce que nous aurions pu faire et que nous n'avions pas fait ! Je tentais de lui rappeler ce que nous avions vécu, tout le bon engrangé, les échanges, la fête des corps que nous avions partagée, mais cela ne valait rien, ne pesait rien, ou pas grand-chose à côté de tout ce que "nous aurions pu faire si". En fait, elle mettait en évidence tous les manques. C'était insupportable. J'avais le sentiment que j'étais toujours insuffisant, incomplet, pas à la hauteur. Au bout de deux ans, j'ai renoncé à la relation. »

« Je suis à Venise, il y a un soleil splendide, tout est beau, les maisons, les gens, les pigeons, les terrasses, le bruit des fontaines, l'abondance des roses sur certaines façades, les canaux, les gondoliers. Une foultitude de splendeurs s'offrent à moi ; il y a l'exposition sublime sur Balthus, que j'ai déjà vue deux fois, j'y retourne demain. Il y a aussi les Carpaccio, et puis le ghetto et ses maisons si secrètes, si austères, mais dont je sais les richesses cachées. Mais… ! Mais il n'y avait plus de place dans le petit hôtel où je descends habituellement et je ne pense qu'à ça ! Quelle poisse ! Ce qui fait qu'à chacune de mes sorties, après la visite d'un musée ou d'une église, après un repas pris dans un restaurant que j'aime, mes pas me conduisent irrémédiablement vers la ruelle Santa Anna où se situe mon hôtel familier, et je fulmine à l'intérieur, quel con de n'avoir pas réservé plus tôt, j'aurais pu, j'aurais dû. Et s'il n'y avait que ça ! Mais voilà, j'ai oublié chez moi, sur mon bureau, mon appareil photo, et surtout mes mocassins, si souples, si confortables, si pratiques, si nécessaires à Venise où la marche est reine ! Je ne cesse de faire la recension de tout ce que je n'ai pas et je ne vois plus ce qui est là, présent, accessible, et d'une si grande beauté ! »

Cet homme sabote son séjour à Venise. Rien de ce qu'il voit, de ce qu'il a, ne remplace ce qu'il n'a pas. Tout est prétexte non pas à découverte, mais à comparaison ; non pas à plaisir, mais à déplaisir, puisque ce qu'il n'a pas prend le dessus sur tout le reste.

« Cette nuit est féerique, d'une douceur angevine ; c'est le soir de mon anniversaire, je viens de recevoir un collier de princesse, tous mes amis, tous ceux que j'aime sont là, j'ai tout pour être heureuse, mais voilà, il me manque, pour être sereine, d'avoir ce que je n'ai pas. Il me manque d'être là, présente en entier, parce que toute une partie de moi est ailleurs. Il n'y a dans cette soirée que mon apparence, une enveloppe souriante mais absente de l'intérieur. Ma personne réelle est encore au téléphone reçu ce matin, à sept heures, quand il m'a dit qu'il ne viendrait pas, parce qu'il croyait que mon anniversaire était dans trois jours. "Mais enfin, tu savais bien que c'était le 15 ! – Non, justement je croyais que c'était le 18, comme sur ton passeport. – Mais, bon sang, tu sais bien que je suis née le 15, même si j'ai été déclarée par erreur le 18 ! – Oui, mais pour moi tu es née le 18, c'est plus simple. – Ah bon, c'est plus simple pour toi de ne pas fêter mon anniversaire le jour de ma naissance ! – Mais non, essaie de comprendre !" Je remâche cet échange téléphonique absurde, j'argumente, je discutaille, j'accuse, je m'excuse, je lui en veux et je danse avec ce type qui me marche gentiment sur les pieds. Où ai-je passé mon trente-deuxième anniversaire ? Dans quel lieu, dans quelle vie, dans quel pays ? Bon sang, il sait bien que nous avons toujours fêté mon anniversaire le 15, il n'aurait jamais dû se tromper. C'est qu'il y a quelque chose d'autre. Toutes mes pensées, tout mon corps, toute ma vie bascule vers ce quelque chose d'autre qu'il y aurait, ou qu'il n'y aurait plus. »

Ces pensées parasitaires créent une véritable pollution, envahissent le moment présent, à tel point que l'on se sent, dès lors, incapable de vivre. On refuse d'apprécier ce moment puisqu'il manque quelque chose qui n'est pas là, qui devrait être là.

Il y a là une culture de la frustration qui entraîne certaines personnes vers des privations et des souffrances sans limites.

> *Ouverture et passage*
> Quand ce qui manque devient plus important que ce qui est,
> la vie devient un immense gouffre de frustrations
> que l'on ne comblera jamais, et que l'on agrandira
> avec chaque nouveau manque.

Le plan catastrophe, ou au cas où ?

Il y a aussi tous ceux (nombreux) qui, avec beaucoup d'énergie, d'imagination et de matière grise (et beaucoup de créativité), anticipent dans le but de rechercher des solutions à des problèmes qui n'arriveront jamais, ou qui n'existent pas encore.

À partir d'un événement nouveau ou inhabituel, l'arrivée d'un parent, un départ en vacances, le changement de classe d'un enfant ou le simple fait de découvrir que les pneus arrière de la voiture sont usés et qu'ils doivent être changés, tout un système de précautions anticipatoires se met en branle pour étudier « ce qui pourrait se passer si... ce qui risque d'arriver si... ».

Mais comme il peut se passer (dans un espace de réalité donné) plus de choses que ce qui se passe réellement (dans ce même espace), on devrait pourtant se garder d'imaginer l'immensité des problèmes à venir, encore moins leur étendue et leur difficulté, et éviter de se noyer dans la recherche de solutions pour y faire face !

« Mon meilleur ami était un spécialiste du catastrophisme. Il passait des heures à me décrire tout ce qu'il ferait si tel ou tel événement grave menaçait de bouleverser sa carrière, de mettre sa famille en péril. Il m'entraînait chaque fois dans ces élucubrations, si bien que je me demandais ce que je ferais sans lui s'il m'arrivait ne serait-ce que le dixième de ce qu'il anticipait ! »

En règle générale, deux voix, deux discours opposés font contrepoint chez ces personnes.

L'une dit : « Tu vas y arriver, tu en as vu d'autres, c'est toujours comme ça, tu t'affoles, mais tu trouveras quand même la solution ! » L'autre déclare : « Tu n'y arriveras pas, et si jamais il se passe ceci ou cela, comment vas-tu faire ? »

De toute façon, l'anticipation domine et les plans catastrophe se bousculent, se déroulent impitoyablement, occupant les pensées, mobilisant tout l'imaginaire tard dans la nuit, et même dans la journée.

On peut ainsi passer du catastrophisme à la mélancolie.

Lisons cet extrait de la lettre de Flaubert à Louise Collet, écrite dans la nuit du 6 au 7 août 1846 :

« Depuis que nous nous sommes dit que nous nous aimions, tu te demandes d'où vient ma réserve à ne pas ajouter "pour toujours". Pourquoi ? Parce que l'antithèse se dresse devant mes yeux. Je n'ai jamais vu un enfant sans penser qu'il deviendra un vieillard, ni un berceau sans songer à une tombe. La contemplation d'une femme me fait rêver à son squelette. C'est ce qui fait que les spectacles joyeux me rendent triste et que les spectacles tristes m'affectent peu. Je pleure trop en dedans pour verser des larmes au-dehors. »

Ouverture et passage
Tenter de prévoir les possibles de l'imprévisible, sans en oublier aucun, est une façon très efficace de passer à côté de la vie.

C'est terrible, c'est catastrophique, c'est comme ça que je vais bien !

« Ma sœur est revenue complètement abattue, catastrophée, de chez le médecin. Ses analyses étaient normales, correctes, elle n'avait rien. Le spécialiste a eu le tort de lui dire "qu'elle se portait comme un charme" ! En quittant son cabinet, elle m'a tout de suite téléphoné : "Tu te rends compte, s'il n'a rien trouvé c'est que c'est plus grave que je ne le croyais !" Ma sœur ne va bien, je veux dire qu'elle n'est pleine d'énergie, que lorsqu'elle s'imagine aller mal. Alors elle mobilise ses relations, trouve des ressources incroyables pour rechercher des solutions, traquer les maux qu'elle n'a pas, mais qu'elle pourrait avoir ! »

Le besoin d'aller mal et d'en avoir la confirmation, par tous les moyens, est plus fréquent qu'on ne l'imagine. Tant que la personne croit «que tout n'est pas parfait, et qu'il y a peut-être quelque chose qui pourrait aller mieux», le doute et l'angoisse la tenaillent et elle se sent obligée de faire d'autres examens, d'autres vérifications, afin de savoir. SAVOIR. «Tu comprends, si je sais déjà ce que je n'ai pas, je vais pouvoir essayer de savoir ce que j'ai! C'est ce qui est le plus important pour moi!»

Le catastrophisme fait feu de tout bois. Tout événement est un support splendide pour imaginer le pire.

«Je vois un avion dans le ciel, un paquebot qui s'éloigne ou un TGV qui passe à toute vitesse, et j'imagine aussitôt la succession d'accidents, d'explosions, de dégâts qu'ils pourraient déclencher si un moteur s'arrêtait, si une chaudière explosait ou si un rail se décalait. L'avion pourrait s'écraser en pleine campagne, ou même sur un supermarché archibondé, ou sur une école, pendant les heures de classe. Je brode sur les détails: par exemple, le TGV pourrait dérailler, tomber d'un pont, écraser un camion-citerne (qui exploserait), puis dévaler jusqu'à un canal et percuter une péniche qui coulerait aussitôt avec son chargement de déchets nucléaires qui pollueraient toute la région pendant des siècles. Mon catastrophisme préféré, c'est le paquebot de luxe, genre *Titanic*, qui coule lentement en plein océan. Je brode sur les détails, j'entends les cris, les appels, les ordres et les contre-ordres, les pleurs, le désespoir, la tristesse infinie des parents, la culpabilité du capitaine, les filouteries des petits malins qui trouvent toujours leur compte dans le malheur des autres. D'ailleurs, Cameron, le réalisateur du film, aurait dû me demander conseil pour corser le scénario, pour le rendre encore plus dramatique!»

«Quand je vais au cirque, je ne m'intéresse pas beaucoup aux voltiges ou à l'habileté prodigieuse des acrobates, j'imagine ce qui se passerait si l'un manquait la main de l'autre et s'écrasait sur la piste. Je construis tout un scénario sur la stupeur du public, les cris, les secours. Je suis le plus souvent déçu: je n'ai jamais vu un trapéziste tomber, mais je ne désespère pas.»

Certains pensent que la douleur est un plaisir, surtout quand elle s'arrête, d'autres sont persuadés que, si elle cesse, plus rien n'aura de saveur et d'intensité.

Il y a aussi ceux qui ont besoin d'être en état d'indignation permanente. Ainsi, cette connaissance qui, au lendemain d'un concert de piano au Festival de La Roque d'Anthéron, s'avance vers moi, se penche comme pour me chuchoter une confidence et me dit, d'une voix d'enterrement : « Tu sais ce qui s'est passé hier soir au récital donné par N. L. ? – Non, il y a eu un incident ? (Je pense à la mauvaise humeur manifestée parfois de façon grossière par certains puristes, ou à une annulation du concert.) – C'est pire, il s'agit de la dernière sonate (n° 23) composée par Schubert avant sa mort et, tu ne vas pas me croire, ce passage avec six doubles croches, et bien N. L. n'en a joué que quatre, c'est inadmissible ! » Je suis ahuri de découvrir que cet homme, au lieu de fondre, d'être en état de grâce devant un des plus beaux morceaux de la musique du XIXe siècle, qui en recèle pourtant beaucoup, s'attache au seul décodage de la partition et constate avec horreur que deux doubles croches n'ont pas été pianotées !

Traquer ainsi le manque, l'insuffisance, le petit défaut emplit ces gens de colère ou d'un négativisme qui leur fait rejeter le tout d'un ensemble, qui contient beaucoup de positif. Ils deviennent alors incapables de savourer la beauté, le plaisir ou la plénitude d'un moment qui est magique pour tous les autres.

Ouverture et passage
Quand la réalité manque de fiction, elle est trop fade à vivre pour certains, qui éprouvent alors le besoin de l'enjoliver en se faisant peur.

Et ceux qui ont besoin d'inquiétude pour vivre...

Il y a beaucoup plus de gens qu'on ne le pense qui ont besoin de vivre inquiets. La plupart sont très habiles à alimenter leur inquiétude et ils ont certainement beaucoup de raisons pour cela, dont une qui me paraît impérative et qui consiste à décourager ou à tenir à distance l'ennui dans lequel ils vivent. Ceux-là ne ratent jamais une occasion de s'inquiéter de tout et de rien. En cas de manque, ils n'hésitent pas à inventer une crainte, à anticiper un événement qu'ils perçoivent comme menaçant, à imaginer des catastrophes à venir dans leur quotidien immédiat ou plus lointain. Tout est bon pour entretenir une inquiétude qui ne demande, pour continuer d'exister, que de se nourrir du quotidien. Une inquiétude qui réclame son comptant d'angoisse, qui exige une dramatisation du moindre événement passé, présent ou à venir. Chez l'inquiet professionnel, l'inquiétude se nourrit non seulement de ce qui se passe, mais aussi de ce qui aurait pu se passer si... De ce qui ne s'est pas passé et qui aurait dû se passer, de tout ce qui aurait pu surgir si...

Pour un inquiet aguerri, les journées sont toujours à la fois trop longues, car vécues dans l'attente de tous les malheurs qui pourraient advenir, et trop courtes, car s'inquiéter est une activité à plein temps qui peut occuper l'essentiel d'une vie sans laisser beaucoup de place au plaisir et à l'abandon, ou aux activités intimes et sociales.

L'inquiet déteste garder son inquiétude pour lui seul, il a besoin de la partager, de la déposer, de la répandre sur les autres. De préférence sur des proches. S'ils sont là, tant mieux. S'ils ne sont pas là, il les appelle pour les tenir au courant de ce qui le préoccupe. Il n'hésite jamais à vous solliciter pour vous demander un avis sur tel ou tel événement, pas pour s'informer, mais pour avoir l'occasion de vous démontrer que vous avez vraiment tort de ne pas vous inquiéter davantage!

Si vous fréquentez ou vivez avec un inquiet, gardez-vous bien de le rassurer ou de l'apaiser; ne vous risquez pas à lui démontrer qu'il n'a aucune raison d'être inquiet. L'inquiet a un besoin viscéral d'inquiétude. Il se sentirait agressé par votre aide. L'idée que son angoisse pourrait disparaître et laisser la place à un vide insondable lui est insupportable! L'inquiet a besoin de vous pour collaborer, pour vérifier, preuves et arguments à l'appui, qu'il a mille fois raison d'être inquiet, parce qu'il sent bien que quelque chose ne va pas, ne se déroule pas comme cela aurait dû, et qu'il a raison de se méfier et de rester aux aguets, sur le qui-vive, vigilant, c'est-à-dire inquiet!

Face à un inquiet, il faut avoir beaucoup de constance et une forme particulière d'oblativité, afin de lui laisser son inquiétude, car elle lui appartient, c'est bien lui qui la produit.

Si vous vous laissez contaminer, vous avez plusieurs choix: soit devenir à votre tour un adepte de l'inquiétude, mais là vous risquez d'être en concurrence avec celui qui vous a initié et vous serez entraîné à jouer à ce jeu épuisant qui consiste à essayer d'être toujours plus inquiet que l'autre; soit essayer de trouver la bonne distance, de vous transformer en spectateur passif, approuvant discrètement ce qui est exprimé; soit devenir un collaborateur actif qui invite l'inquiet à en dire plus, à s'exprimer sur ce qu'il vit, sur comment il le vit et sur ce qu'il pense faire pour affronter la situation.

Vous ne vous ennuierez jamais avec un inquiet, mais vous risquez d'être souvent épuisé, car l'inquiet parle beaucoup, s'agite, se disperse. Il se donne pour mission d'occuper tout l'espace d'une rencontre. Ses paroles sont utilisées à la fois comme aliments de remplissage et en même temps comme résidus, scories d'une pollution qu'il faut évacuer.

Cela dit, il peut arriver que vous ayez de bonnes raisons d'être inquiet à votre tour. Tout ce qui précède ne devrait donc pas vous empêcher d'exprimer, si besoin est, votre inquiétude. Du moins, je l'espère.

> **Ouverture et passage**
> Une saine inquiétude n'inquiète pas réellement,
> elle dynamise ; elle est l'équivalent, quand on étouffe
> dans sa passivité ou sa morosité, d'une bouffée d'oxygène.
> Mais trop d'inquiétude peut rendre la vie trop fébrile
> pour l'inquiet, et invivable pour ses proches.

Le mauvais aloi

L'aloi, c'est le son que fait une pièce de monnaie quand elle tombe. Jadis, c'est le son juste qui donnait la valeur à la pièce : l'aloi confirmait que l'alliage était parfait. Il en est de même, en particulier lors d'un échange, du son d'une phrase, qui doit sonner juste, être accordée à la personne qui l'énonce. Nous ressentons un malaise devant certains énoncés ou certaines affirmations quand le ton de la voix est en décalage avec ce qui nous est dit, quand nous sentons comme un couac entre l'intention et le message.

« Tu me dis de faire ce que je veux, mais je sens bien qu'il n'en est rien, que ce n'est pas ton désir profond. »

« J'entends bien tes mots, tes "je t'aime", et pourtant je ne reçois rien, il me semble que ton amour est loin, bien loin de moi. »

Cela ne relève pas nécessairement d'une mauvaise foi de la part de l'émetteur. Mais cela peut provenir de sa « non-présence » lors de l'échange, quand il est décentré, ou ailleurs, ou préoccupé par d'autres priorités.

Il est évident que va apparaître, quand il y a un désaccord intérieur entre ce qui est dit et ce qui est ressenti par celui qui parle, une discordance pour celui qui reçoit le message.

« Bien sûr que non, je n'avais pas oublié votre nom ! J'avais seulement peur de vous confondre avec quelqu'un d'autre. »

« J'ai eu des difficultés financières ces derniers temps, c'est ce qui explique que je ne peux vous rembourser ma dette, mais ne vous inquiétez pas, j'y pense sans arrêt ! »

Le ton adopté par ceux qui veulent convaincre de leur bonne foi, quand ils ne le sont pas, sonne comme un mauvais aloi qui sera perçu comme tel et accentuera la méfiance.

Ouverture et passage
Lorsqu'il y a accord ou congruence entre ce que je dis
et ce que je pense, entre ce que je fais et ce que je ressens,
cela m'évite de recevoir en retour des sentiments ambivalents.

Je préfère me sacrifier plutôt que d'affronter un conflit

J'ai souvent entendu des femmes et des hommes dire : « Je n'aime pas du tout les conflits, j'ai peur des disputes, je déteste faire de la peine à quelqu'un en le contredisant ou en m'opposant à lui » ou bien : « Je préfère transiger, arranger les choses, ça ne me coûte pas grand-chose de laisser croire à l'autre qu'il a raison ! Si ça peut lui faire plaisir ! Je peux comprendre ça. »

Ces personnes ne savent pas qu'en refusant le conflit ouvert elles entretiennent trop souvent et durablement des conflits latents, pérennisent des situations inconfortables, et stimulent des dépendances ou des comportements parasitaires chez ceux qu'elles prétendent comprendre ou protéger d'une peine quelconque.

Vouloir la paix à tout prix n'amène pas nécessairement la paix en soi.

« J'ai mis longtemps à remarquer que, lorsque je laissais croire à mon mari qu'il avait raison, je commençais à être constipée ! C'est sans doute parce que je gardais tout pour moi ! »

« Moi, je fais de la rétention d'eau. Depuis que je suis mariée, je ne pleure plus, je ne me plains plus, et pourtant j'aurais mille raisons de le faire. »

« Je déversais sur mes enfants tout ce que je ne pouvais pas exprimer à ma mère. Ils payaient pour elle. D'ailleurs, une de mes filles me l'a dit : "Maman, chaque fois qu'on va chez mamie, nous, on n'a plus de mère, t'es comme une petite fille qui a peur d'elle !" »

« Ma fille de vingt-sept ans, qui a pourtant deux maîtrises, l'une en biologie et l'autre en écologie, refuse toutes les propositions professionnelles qu'on lui fait. Elle prétend que ce qui l'intéresse, c'est la nature. Pourtant, elle reste toute la journée chez moi, devant son ordinateur, nouant des relations par Internet, coupée de tout. Je ne supporte plus sa présence et je subis cette situation avec angoisse. Je ne sais pas ce qu'elle va devenir ! Et je n'imagine pas la mettre hors de chez moi ! Je suis sa mère, c'est à moi de prendre soin d'elle. »

L'erreur de cette mère est de croire que c'est à sa fille de prendre la décision de quitter le cocon familial, et donc de faire quelque chose pour elle-même. Dans la mesure où la fille ne veut rien faire pour elle-même, c'est à la mère de se positionner, d'énoncer la limite de sa tolérance, et d'être le reflet d'une réalité frustrante pour sa fille. Bref, de lui donner un ultimatum quant à la durée de son hébergement au domicile maternel et à sa prise en charge financière. Bien sûr, cela va déclencher un conflit, mais le positionnement clair de la mère (si elle en est capable !) devrait permettre à sa fille de prendre une décision (même difficile), ou de se soumettre à l'impératif de sa mère et d'affronter une réalité dont elle s'est coupée jusque-là.

La peur du conflit est liée à deux composantes relationnelles : l'image de soi et l'angoisse de réveiller des blessures enfouies.

En voulant se montrer compréhensif, tolérant, bienveillant (bonne mère, bonne épouse, bon mari, bon fils), on veut donner (imposer) aux autres une image de soi, mais cette image nous prend au piège et nous oblige parfois à accepter (et à subir) l'intolérable. L'angoisse diffuse qui nous saisit à l'idée de déclencher une réaction négative (violence ou agressivité), un rejet (« Je te déteste ») ou un jugement de valeur (« Tu es égoïste, tu ne penses qu'à toi ») nous renvoie parfois à des situations douloureuses ou traumatisantes de notre passé (liées au besoin d'être reconnu, accepté inconditionnellement) qui nous empêchent de nous positionner, d'être en accord avec nos valeurs, et nous contraignent à nous laisser définir par les désirs et les attentes de l'autre.

« Quand mon mari manifeste son intention de faire l'amour et que je n'en ai pas envie, je n'ose pas le lui dire. Je crains sa réaction (il se met à bouder et je me sens mauvaise de lui faire de la peine). Alors j'accepte. Disons plutôt que je subis. Ce n'est pas drôle ! »

Prendre le risque d'un conflit ouvert est aussi une source d'ouverture qui nous permet de grandir de l'intérieur, à condition que nous acceptions de renoncer à nourrir la belle image de soi.

« Mais que lui avait donc dit un jour, c'était en hiver et dehors il neigeait, une femme ?

« N'êtes-vous pas à la fin presque trop gentil avec tous ces gens qui profitent des choses simples qui habitent en vous pour en jouer sans trop de scrupules peut-être, et vous ne vous dites jamais que vous pourriez avoir mieux à faire que de sombrer dans les eaux de la gentillesse ? Apparemment vous aimez cela, vous baignez dans le bain de la politesse, mais ce plaisir ne pourrait-il pas à la fin vous briser en mille morceaux ? [...] Personne ne sait qui vous êtes au fond [6]. »

> *Ouverture et passage*
> Si je me montre sans cesse là où je ne suis pas,
> je vais avoir beaucoup de mal à me sentir aimé
> ou accepté pour ce que je suis.

Plus j'ai et moins je te donne, moins tu as et plus tu me donnes

Cet autosaboteur aime bien s'insérer dans un système relationnel qui demande la participation de chacun des protagonistes. Il fonctionne en quelque sorte en miroir naturellement inversé.

---

6. Robert Walser, *Le brigand*, Paris, Gallimard, 1994.

Quelqu'un propose à l'autre ce qu'il lui enlève, ce qui fait que l'autre croit donner ce que justement on lui prend.

«Je te donne ta liberté, fais ce que tu veux, ne tiens pas compte de moi.

– Tu sais bien que sans toi je ne peux rien faire.»

Cet homme est très riche. Il a considérablement augmenté sa fortune d'origine, qui lui venait de sa mère, fortune dont il a la maîtrise totale, et ne permet à aucun de ses proches (femme, enfants) la moindre ingérence. Il a épousé Juliette, une femme issue d'un milieu modeste. Elle dépend entièrement de lui pour sa subsistance et pour ses besoins sociaux. Aussi tente-t-elle de donner à son mari beaucoup d'attention, de soins et de présence, même si, après trente-cinq ans de mariage, son amour s'est un peu dilué ou éloigné de son cœur. Juliette se fait un devoir de donner à son mari la totalité de son temps et de ses pensées.

De son côté, il donne de moins en moins. Ces trois dernières années, il semble même être devenu avare. Il fait une fixation sur les dépenses, même les plus élémentaires (il les trouve injustifiées). Il se montre réticent à participer aux coûts du ménage. Juliette fait des miracles pour la gestion des repas et de la maisonnée (elle a congédié la femme de ménage, a donné sa voiture à sa fille). Elle se prive beaucoup, ne renouvelle pas sa garde-robe, ne prend pas de vacances, ne participe à aucun loisir.

Elle imagine qu'en se privant elle donne davantage à son mari (par ses privations, elle lui évite de dépenser). Le jeu relationnel qui s'est installé en quelques années est le suivant:

Chez lui: plus j'ai, moins je te donne; moins tu as, plus tu me donnes.

Chez elle: moins tu me donnes, moins je te réclame; plus je te donne de moi et moins j'ai de toi.

Un élément nouveau est apparu, il y a deux ans. Le mari, qui a, semble-t-il, besoin d'être admiré, s'est attaché à une nièce éloignée. On pourrait même dire qu'il en est amoureux tellement il la couvre d'attentions, de cadeaux. Il part en voyage avec elle, a pris en charge ses études et ses loisirs, passe beaucoup de temps au téléphone et sur Internet avec elle. Elle, par contre, se montre particulièrement réservée, voire distante. En fait, elle propose l'équation relationnelle suivante: plus tu me donnes, moins tu as de moi.

Il y a quelques mois, Juliette a déclenché une révolution: elle ose demander. Elle est sortie de l'autoprivation qu'elle s'est imposée pendant des années et a instauré un nouveau jeu relationnel: moins j'ai et plus je demande; plus je demande et moins je te donne; moins je suis là pour toi et plus je deviens importante pour moi.

Un système relationnel ne peut être remplacé que par un autre, mais de toute façon, quel que soit le système, il suppose la collaboration des deux protagonistes.

> **Ouverture et passage**
> Sortir d'un système relationnel bien implanté entre deux êtres demande plus que du courage, cela exige aussi une qualité d'être suffisamment ancrée pour oser exister.

Je ne laisse rien dans mon assiette, ni dans la casserole...

« Chez moi, comme on était pauvre, on devait manger tout ce qui était dans notre assiette. Ma mère raclait toutes les casseroles en lançant à la cantonade : "Il en reste encore un peu, personne n'en veut ?" Nous restions silencieux. "Je ne peux tout de même pas jeter tout ça", déclarait-elle, et elle mangeait, directement dans la casserole ou dans le plat, tout ce qui restait. J'ai mis longtemps à comprendre qu'elle transformait son estomac en poubelle (pour ne rien laisser se perdre !) et, même si elle se plaignait tout le temps de maux de ventre, elle a continué à manger les restes jusqu'à sa mort.

« Le pire, c'est que, devenue mère à mon tour, j'ai découvert que je faisais la même chose ! Un jour, ma fille de onze ans m'a dit : "Tu sais, maman, ce n'est pas nécessaire de transformer ton ventre en poubelle en finissant tout ce qu'il y a dans nos assiettes !"

« Puis elle a sorti, de dessous la table, la poubelle spécialement réservée aux déchets organiques et me l'a tendue. J'ai éclaté en sanglots. »

Une autre personne me raconte : « J'avais bien engrangé ce message : il ne faut jamais rien laisser se perdre ; on ne sait jamais ce qui peut arriver ! La peur de manquer a marqué toute mon enfance. Manquer d'argent pour payer la note chez l'épicier, manquer de temps pour tout faire, manquer de santé pour pouvoir continuer à travailler, manquer de toit si le propriétaire n'était pas payé en temps voulu, manquer de médicaments si le docteur oubliait de nous laisser les échantillons qu'il recevait des laboratoires, manquer d'affection, manquer de nourriture si mon père rentrait, en fin de semaine, après avoir bu la moitié de sa paie.

Au plus profond de moi, j'ai intériorisé ce message : il ne faut rien laisser se perdre, il faut tout garder, ne rien jeter, ni bouts de ficelle, ni bouchons, ni morceaux de tissu, ni papier, ni assiettes ébréchées, ni vieux matelas. Qui sait, tout cela pourrait servir un jour. Je ne considère pas cela comme un autosaboteur, mais vos questions me laissent croire que vous pensez que je maltraite ma vie en fonctionnant comme cela. »

Il ne s'agit pas d'autosabotage aussi longtemps que ce que l'on garde chez soi (dans une maison qui devient un immense entrepôt) ne concurrence pas, n'envahit pas l'espace au point de le saturer !

Je sais, par expérience personnelle, qu'il arrive un moment dans la vie où nous devons nettoyer, lâcher prise sur de nombreux objets qui encombrent notre intimité, jeter une foule de choses inutiles pour mieux respirer dans notre vie, pour élargir notre espace, l'aérer. Qu'il faut laisser la place à quelque chose de plus ouvert, qui va permettre des déplacements plus larges, plus libres.

Ouverture et passage

Se séparer de l'inutile, du surplus, de tout ce qui ne correspond plus à l'homme ou à la femme que nous sommes devenus est l'équivalent d'une naissance, d'une mise au monde qui vaut la peine d'être vécue.

Manger en premier ce qui est mauvais, avec l'espoir (seulement l'espoir) de pouvoir savourer ensuite le bon !

Cet autosaboteur peut sembler très puéril et anodin. Il peut même passer inaperçu aux yeux des proches, ou ne déclencher que quelques clins d'œil et commentaires affectueux, car il se joue dans un comportement de table tout à fait banal. Devant un ensemble d'aliments présentés sur la même assiette, certains enfants négocient, à l'intérieur d'eux-mêmes, deux choix possibles : manger en premier le moins bon pour mieux savourer ensuite le bon ou ce qui leur paraît le meilleur, ou manger en premier le bon et garder le mauvais pour la fin, en espérant échapper à la vigilance des parents !

Devenus adultes, quelques ex-enfants perpétuent ce scénario. Il est devenu une sorte d'automatisme, mais il ne répond plus à la réalité.

« C'est à quarante-deux ans que j'ai découvert que je mange toujours en premier ce que je n'aime pas (je dois avouer que je dévore rapidement, pour m'en débarrasser, le moins bon d'un plat) et que, neuf fois sur dix, je n'ai plus faim pour manger ce que j'aime et que je vais laisser dans l'assiette ! »

« Ma spécialité, c'est de ne rien gaspiller. Aussi, je mange toujours en premier le fromage dur, les restes, le pain sec, pour que rien ne se perde. Ce qui fait que je ne mange jamais de fromage frais, rarement des plats préparés le jour même, et encore plus rarement du pain sorti du four. Je me fais un devoir, avant de m'autoriser à mieux, de terminer d'abord ce qui traîne dans le frigidaire ou dans le sac à pain ! »

« Ma grand-mère n'a jamais mangé de pain frais. Enfant, c'était déjà elle qui finissait les vieux croûtons, le pain sec, alors que les autres se régalaient de pain tout chaud sorti du four ! »

Les ancrages et les fidélités à certains comportements infantiles sont plus résistants que les autorisations que l'on pourrait s'offrir pour oser se faire plaisir sans aucune réserve !

Ouverture et passage
Oser son plaisir, surtout quand il ne dépend que de soi, suppose beaucoup, beaucoup de liberté d'être. Mais cette liberté d'être dépend du travail que l'on peut faire sur soi.

Je vais de préférence vers ce que je connais

En allant de préférence (ou uniquement) vers ce que je connais, je me prive non seulement de toutes les découvertes que je pourrais faire en prenant le risque d'aller vers un peu plus d'inconnu et d'imprévisible, mais je m'interdis de puiser dans des ressources qui vont rester en friche au fond de moi, tant que je ne les solliciterai pas ou que je ne les mobiliserai pas vers l'inattendu ou vers l'imprévisible.

« J'ai souvent été déçu dans ma vie par les gens qui ne tiennent pas leurs engagements. Je refusais de me lier, d'établir de nouvelles relations intimes, je fuyais systématiquement l'imprévisible et ses possibles de bonheur pour aller vers la seule chose que je connaissais : le désespoir de me sentir seul et incompris ! »

« Après mes études, je suis retourné dans ma ville natale. Quelques années plus tard et après trois déménagements, je me suis retrouvé dans le quartier de mon enfance. J'ai épousé une cousine, et j'ai fini par reprendre l'étude de mon père. Je vis actuellement dans l'appartement de mes parents décédés ; je dors dans le lit de ma mère. Je n'ai rien changé au mobilier, ni à la décoration. Ma seule acquisition est un ordinateur, que j'ai mis sur le bureau en merisier de mon père. »

« Cela faisait des années que je faisais la même promenade. Je sortais de chez moi, je tournais à gauche, je descendais le petit chemin que je connais bien, tournais encore à gauche, passais devant une ferme abandonnée, pour revenir encore à gauche et retrouver le chemin de ma maison. Quadrilatère parfait, bien balisé, qui ne me réservait aucune surprise. Au printemps dernier, j'ai tourné à droite ! C'est ainsi que j'ai rencontré celle qui, aujourd'hui, partage ma vie. Ce fut une révolution dans mon existence. J'ai compris que j'avais conduit une grande partie de ma vie en ne parcourant que des chemins connus. Je ne m'autorisais pas à aller vers autre chose que ce que je connaissais ! Puis j'ai brisé cet interdit et j'ai vu s'ouvrir devant moi une vie nouvelle, qui m'attendait ! »

Sortir de soi, s'ouvrir, aller à la rencontre des autres, autant de mouvements qui nous confirment que la vie n'est qu'une succession de naissances, faites de rencontres et de séparations.

Ouverture et passage
En s'interdisant d'aller au-delà du connu, c'est de l'immensité de l'imprévisible dont nous nous privons.

Je dis oui à tout

« En disant toujours oui, j'évitais tout conflit, je me situais dans l'approbation et non dans l'opposition. L'opposition était la stratégie préférée de ma sœur, mais je sentais bien que de cette manière elle s'éloignait de la famille. Elle était marginale, à côté. Moi, je voulais avoir une place dans cette famille, toute la place d'ailleurs, alors, surtout, pas de non ! »

« J'ai un mal fou à dire non, j'ai toujours l'impression que je vais décevoir l'autre, qu'il va ne plus m'aimer ou, pire, qu'il va m'en vouloir. »

« En disant non, c'est comme si je désobéissais. Surtout à mon grand-père qui régentait la famille. Je n'ai d'ailleurs jamais entendu mon père lui dire non. Il veillait à l'approuver en toutes circonstances. Nous avions, mes frères et moi, remarqué très vite que notre père était bien l'enfant de son père. »

« Je ne sais pas dire non, je dis oui à tout, je suis un véritable caméléon qui se modèle sur les idées et les opinions des autres. Cela me convient tout à fait. De cette manière, je n'ai pas à m'impliquer personnellement. »

Cette personne ne s'implique pas et, ce faisant, n'affirme pas ses différences et ses richesses. Elle prend donc le risque de ne pas être reconnue dans ce qu'elle est : un être unique !

« Je ne refuse rien. J'accepte toutes les invitations et propositions qui me sont adressées. Des fois que je passerais à côté de l'homme de ma vie ! Je ne prends pas le risque de ne pas rencontrer celui qui m'attend, qui n'attend que moi ! Je suis sûre qu'il est quelque part, là, tout proche. Si je refuse de sortir, de me laisser inviter, je risque de le manquer ! D'accord, le prix à payer est quelquefois élevé. Comme je ne sais pas dire non, je suis fréquemment exploitée, abusée même. Mais je ne peux pas m'empêcher de recommencer, des fois que... »

Ce mimétisme est apparemment vécu comme non problématique, ou même comme un facilitateur de relations, mais à la longue il se révèle stérilisant et pour celui qui le pratique et pour celui qui en est le support.

Ouverture et passage
C'est en osant dire non que j'ai appris à dire de vrais oui.
Cela peut s'écrire, se lire et s'affirmer dans les deux sens :
j'ai appris à dire de vrais oui en osant dire non !

Moi, je n'ai besoin de rien

En se positionnant comme n'ayant besoin de rien, certaines personnes ne donnent prise à aucune dépendance ou influence. Elles semblent se situer en parfaite autarcie ; elles semblent n'avoir ni désirs ni besoins. C'est comme si elles étaient sûres de pouvoir satisfaire elles-mêmes quelques rares désirs et besoins très primaires sans avoir recours à autrui.

« Je ne veux rien. D'accord, j'ai des envies, mais je ne veux pas avoir. Je ne veux pas avoir ce dont j'ai envie. L'envie me suffit. »

Il y a aussi ceux qui ont envie de tout et qui ne veulent rien pour ne pas avoir à choisir. D'autres se sentent agressés quand, n'ayant rien demandé, on leur offre quelque chose, croyant leur faire plaisir. Lorsqu'on leur donne ce qu'ils ont manifesté l'envie d'avoir, sans le vouloir nécessairement, on commet une grosse erreur. Dans leur esprit, ils énonçaient un possible, non une demande.

« J'avais simplement envie qu'il m'embrasse, pas qu'il me prenne dans ses bras et qu'il pose ses lèvres sur les miennes en tentant de toucher mes seins. Quand il l'a fait, il a tout gâché. Il m'a beaucoup déçue, il n'a pas su entendre ma vraie demande, qui était qu'il me fasse sentir qu'il avait simplement envie de moi, mais sans passer à l'acte. Je ne l'ai plus revu. »

Celui ou celle qui envoie ce message complexe veut rester dans le non-dit et le non-faire. « Fais-moi sentir que tu as envie de moi, mais sans le concrétiser par un geste ; fais-moi sentir que tu sens que j'ai envie de ton désir, mais sans pour autant vouloir le satisfaire. » Ou encore : « Confirme-moi que mon envie que tu aies envie de moi est bien le miroir de ton envie et doit surtout rester à l'état d'envie. » (Vous me suivez ?)

« Quand je fais des courses avec mon mari le samedi après-midi, j'ai des tas d'envies, je m'arrête devant chaque vitrine : robe, bijoux, chapeaux, chaussures. Et lui, l'idiot, il croit que je veux ce dont j'ai envie. Parfois, croyant me faire une surprise, il m'offre (ce qui m'a attiré) sans m'avertir. Combien de fois lui ai-je jeté à la figure ses cadeaux inutiles ? Il n'a pas encore compris que mon plaisir véritable, c'est d'avoir envie, pas d'avoir plus, ni d'acquérir ! »

« Au fond, je ne veux rien posséder. Posséder, c'est s'alourdir, je préfère rester dans l'envie, dans le désir, je reste plus libre. Mais cela indispose mes proches, qui pensent que rien n'est assez beau pour moi. Ils m'en veulent de les priver du plaisir d'offrir ou de se montrer généreux avec moi. »

Est-ce vraiment, pour celui qui reste dans l'envie, un autosaboteur ? Je n'en suis pas tout à fait certain. Mais pour ceux qui l'entourent, cela ne fait aucun doute !

Ouverture et passage

L'envie est comme une caresse sur la réalité, elle ne doit pas la changer ou la transformer, seulement l'embellir, la rendre encore plus désirable, et non consommable !

Ne jamais accepter d'aimer et encore moins de se laisser aimer !

Certains redoutent l'amour comme une calamité qui, si elle leur tombe dessus, va dévaster leur vie.

Cette injonction que l'on se donne à soi-même, ne pas aimer ou ne pas se laisser aimer, ne fonctionne que comme un préservatif virtuel.

Car nous ne pouvons commander ni à nos sentiments ni à ceux d'autrui. Nous n'avons aucun pouvoir sur les sentiments amoureux qui peuvent nous enflammer sans crier gare. Ils surgissent malgré nous, indépendamment de notre volonté. Mais c'est ce constat qui est inadmissible pour certains. Sentir qu'ils n'ont pas de prise sur leur vécu, qu'ils n'ont pas la maîtrise de leurs propres sentiments les irrite. Il leur arrive de penser qu'aimer est l'équivalent d'une déchéance. « Surtout, ne jamais être faible au point d'aimer ! »

« Aimer, c'est comme demander à l'autre de répondre à notre amour, ou tout au moins de l'accueillir. Moi, je ne veux pas de cette dépendance-là. »

Accepter d'être aimé peut aussi être inacceptable en raison de l'image que l'on a de soi, car cette réceptivité comporterait le risque de perdre le contrôle sur ce qui pourrait arriver. « Qui sait ce que l'autre va me demander si j'accepte qu'il m'aime ? »

Le refus de se laisser aimer peut provoquer des défis de haut niveau chez celui ou celle qui risque, justement, de s'attacher à celui ou à celle qui ne veut pas être aimé !

Ouverture et passage
Rien ne peut réchauffer ou éclairer l'existence de celui
pour qui l'amour proposé (voir Carmen : «... et si je t'aime
prends garde à toi ! ») est vécu comme une menace.

Cultiver l'angélisme et le positivisme à tout prix

Certains pratiquent l'angélisme avec une virtuosité à toute épreuve. Ils s'en servent comme d'un rempart entre la réalité et eux. Il y a, chez eux, comme un déni des possibles impacts négatifs de la réalité.

« Ce n'est pas parce que notre fille part en vacances en Corse et qu'elle va dormir sous la même tente que ce garçon qu'ils auront des relations sexuelles. C'est un ami, c'est tout, il faut être vieux jeu pour penser toujours au mal ! »

Il y a aussi (et je ne parle pas des négationnistes) des personnes qui continuent à pratiquer une forme de déni, de coloration positive d'une réalité qui ne l'est pas toujours.

« Je vous assure qu'en 1941 le gouvernement de Vichy n'avait aucune mauvaise intention en acceptant la demande des Allemands de recenser tous les Juifs de France, en les invitant à donner leur adresse et à se déclarer simplement comme Juifs au commissariat de leur quartier. D'ailleurs la plupart des Juifs l'ont bien compris et se sont déclarés sans faire d'histoire. Ensuite, c'est Hitler et sa clique qui ont tout manigancé ! »

« Allons, allons, il ne faut pas toujours imaginer le mal là où il n'est pas ! Les gens sont moins mauvais qu'on ne le pense. D'ailleurs, moi je n'ai jamais été agressée dans la rue, et pourtant je sors seule plusieurs soirs par semaine. »

L'angélisme peut conduire à une certaine forme de tolérance qui frise parfois la passivité complice, et expose à des dangers.

Ouverture et passage
À chacun sa part de lumière et d'ombre, mais il faut
savoir que la lumière ne supprime pas l'ombre,
elle ne fait que la déplacer ou la transporter ailleurs.

Je ne supporte pas que l'on veuille m'aider et j'en veux à tous ceux qui se penchent sur moi avec sollicitude...

« J'en veux à ceux qui m'aident, disait Beethoven. Je les mets à l'épreuve pour leur montrer la bêtise dont ils font preuve en voulant m'aider ! »

L'aidant ne sait pas toujours le mépris ou l'ambivalence qu'il peut déclencher chez ceux qu'il prétend aider. Il est étonné, meurtri, quand il découvre la somme de sentiments négatifs qui se jettent sur lui, envoyés par celui qu'il voulait aider.

« J'ai été surpris d'avoir déclenché autant de reproches, et même de haine, après la série de démarches que j'ai faites pour cet homme. Je croyais, naïvement, qu'il me serait reconnaissant de l'avoir soutenu, qu'il me remercierait de mon action (de ma bonne action). Pas du tout, il changeait de trottoir quand il me voyait et racontait à son entourage que j'avais voulu le déposséder, et qu'en me mêlant de ses affaires je voulais tout simplement m'emparer de ses dossiers. »

Celui qui fait l'objet d'une aide est confronté à sa propre image, à ses carences ou à son impuissance : il n'a pas été capable de surmonter lui-même ses difficultés.

« Accepter de l'aide, c'est me dévaloriser, alors je préfère disqualifier ceux qui tentent de m'aider. »

« Plutôt crever que d'avoir à demander ! »

Une intolérance devant la pitié, la compassion, ou simplement devant l'attention bienveillante d'autrui rend ces personnes allergiques à toute main tendue ou toute proposition d'aide.

Le besoin de tenir l'autre à distance, puis de s'isoler dans une bulle de protection pour préserver une image de soi intériorisée et sans faille, semble dominer et servir d'écran à des relations qui pourraient devenir trop intimes.

Ouverture et passage

Après avoir aidé quelqu'un, il est parfois prudent de se tenir à distance pour ne pas recevoir de plein fouet le trop-plein de sa rancœur à notre encontre. En particulier si notre aide a été efficace, car il ne nous pardonne pas d'avoir réussi là où il a échoué.

Faire payer très cher l'aide que je suis obligé de demander

Maintenir à tout prix une position dominante ou un rapport de force (qui leur est favorable) est vital pour certains.

Demander de l'aide déséquilibre le rapport de force qui semble nécessaire à celui qui vit dans cette dynamique. Il lui faudra donc le rétablir (à son profit) au plus vite. Ces personnes n'ont donc aucun scrupule à dévaloriser ou à maltraiter ceux qui sont à leur service.

« En vous demandant de l'aide, je considère que je m'abaisse, donc je dois vous abaisser à mon tour et tenter de vous dévaloriser ou de vous disqualifier afin de continuer à me sentir supérieur à vous. »

C'est ce qui peut expliquer le comportement méprisant de certains employeurs vis-à-vis de ceux qui sont à leur service.

« Si, en plus, je devais avoir de la considération pour ceux que je paie pour me servir, je ne pourrais plus me regarder dans une glace. »

Le mécanisme est parfois très subtil et trouve sa justification dans une rationalisation parfaitement construite, en même temps qu'aberrante.

« Celui qui m'aide est un faible qui ne sait pas dire non à ma demande. Je n'ai donc aucune considération pour lui. »

Ouverture et passage
Si, en demandant de l'aide, je considère que c'est mon amour-propre que je blesse, je dois me reconstruire sans arrêt en blessant celui qui n'a pas su (ou pu) refuser de m'aider.

Quand les mots sont l'équivalent de l'acte

Certains pensent qu'il suffit de dire « cela suffit ». Comme si les mots remplaçaient l'acte. Tout le potentiel rêvé ou exprimé est l'équivalent d'un acte posé.

« Mon partenaire m'avait assuré qu'il voulait des enfants, que c'était chez lui un désir très ancien. Quand je lui ai annoncé que j'étais enceinte, il a paru surpris. Plus tard, il m'a dit qu'il s'était senti trahi. J'avais mis en acte ses mots, je croyais avoir réalisé son désir, mais ce n'était pas ce qu'il voulait. J'ai découvert par la suite qu'il se satisfaisait, la plupart du temps, dans beaucoup d'autres domaines, du seul énoncé de son désir. »

« Cet homme m'avait dit : "Tu es la femme de ma vie, je veux t'épouser." Il me serrait dans ses bras, m'embrassait, il était tendre et enthousiaste. Quelque temps après, chaque fois que je le relançais sur ce projet de mariage, ses propos étaient plus vagues, moins intimes : "On va se marier, on va fonder une famille." J'avais toujours rêvé de ça ! Aujourd'hui, six ans après, nous avons deux enfants, mais nous ne sommes toujours pas mariés, et il n'en parle plus. Je vis avec lui une succession d'attentes déçues. »

Le seul fait de dire équivaut, pour certains, à la réalisation. La sincérité n'est pas en cause, l'intention est réelle, mais tout reste de l'ordre du désir et ne se traduit pas en projet, et encore moins en réalisation. Le fait de confronter ces personnes au réel est vécu par elles, la plupart du temps, comme une incompréhension, voire une agression. « Tu ne comprends rien, tu ne comprends pas que je t'aime ! Moi, cela me suffit, toi, il te faut toujours plus, toujours tout. »

L'impact de leurs désirs sur la vie est nul. Les désirs restent dans l'imaginaire et n'en sortent pas.

« Au début de notre rencontre, j'avais une relation idyllique avec cet homme qui est devenu (hélas) mon mari. Je vivais dans un conte de fées. Il me proposait tout ce dont j'avais rêvé, et même des choses que je n'avais jamais osé évoquer : aller à Venise, visiter le château de Vaux le Vicomte, parcourir l'Irlande en moto, louer un bateau pour visiter les îles de la mer Égée. Aucun de ces projets ne s'est réalisé. Tout se passait comme si, à peine énoncé, ils tombaient dans l'oubli ; il n'en reparlait jamais. Et chaque projet était remplacé par un autre, tout aussi magique. Je suis mariée depuis dix ans et nous n'avons jamais quitté Vesoul ! Aujourd'hui, quand je l'entends exprimer un projet, je n'écoute plus, je sais que c'est quelque chose qui appartient à son imaginaire, sur lequel je n'ai aucune prise. Je ne perds plus de temps et d'énergie à lui dire qu'il a promis ceci ou cela et que je l'ai cru. Tout cela est bien fini. Je ne veux plus me faire souffrir à imaginer tout ce que nous aurions pu faire. Mais je me rends compte, après toutes ces années, qu'il a stérilisé, tué mes propres rêves. »

> **Ouverture et passage**
> Si certains rêves doivent rester à l'état de rêve,
> il convient de ne pas les partager, car ils appartiennent
> seulement au rêveur.

Le syndrome du porc-épic

Quand l'un s'approche, l'autre s'éloigne. Le désir de la présence et le besoin de distance alternent, comme dans un jeu de yoyo, quand ils ne s'affrontent pas. Le besoin d'appartenance et de cohésion combat le besoin d'indépendance et d'autonomie, et vice-versa. On peut voir cette dynamique à l'œuvre dans de nombreux couples qui n'arrivent pas à trouver la bonne distance entre intimité commune et partagée, et intimité personnelle et réservée.

« Quand elle n'est pas là, toutes mes pensées vont vers elle. Je bâtis dans ma tête des dizaines de projets dans lesquels elle est présente. Et puis, quand nous nous rencontrons, je suis ailleurs au bout de quelques heures et, j'ai honte de le dire, elle me pèse, je la trouve trop proche, parfois même étouffante. Je dois m'éloigner à nouveau pour pouvoir la rencontrer... dans mon imaginaire ! »

« Nous ne sommes bien ensemble qu'à de très rares moments. Quand chacun, ayant accompli son parcours d'indépendance, éprouve le besoin de se rapprocher, mais jusqu'à un certain point, car ensuite il nous faut nous éloigner à nouveau. J'avais entendu parler de cette histoire de hérissons qui, en plein hiver, se rapprochent pour se donner de la chaleur, mais qui se piquent mutuellement parce qu'ils sont trop près. Alors ils s'éloignent, pour ne pas se blesser. Mais comme ils ont froid, ils se rapprochent à nouveau. Piqués, éloignés, rapprochés. Eh bien, ces hérissons, c'est nous, mon mari et moi ! »

« Avec ma mère, je dois être très prudent, et même calculateur. M'approcher d'elle avec précaution, parcimonie, à dose homéopathique ! Sinon c'est l'envahissement, un déferlement d'attentions, de dons, de propositions qui m'étouffent. Aller vers elle, oui, mais repartir très vite, ou trouver très vite la bonne distance. Inventer un tas de prétextes plausibles, de contraintes pressantes pour la fuir dès qu'elle m'envahit. »

« J'ai mis longtemps à comprendre qu'elle voulait me donner, et que moi je voulais prendre ! En me donnant, elle m'empêchait de prendre, je n'aimais pas ça ! Je devais donc saboter, disqualifier ce qu'elle m'offrait, pour ensuite exiger et prendre ce qui me convenait. »

Ces comportements illustrent un des enjeux récurrents de toute relation intime : qui définit la relation ? Et lorsque l'un des deux ne peut accepter que l'autre définisse la relation, il se doit d'imposer ses demandes et sa façon d'être. C'est ainsi qu'il dicte à l'autre son comportement afin qu'il soit en accord avec le sien.

Ouverture et passage
La réciprocité suppose une inter-influence mutuelle, librement acceptée et partagée.
Elle exclut les relations dominant/dominé.

Le contrat implicite

« C'était un projet formidable. J'avais tout organisé dans ma tête et j'étais persuadé qu'elle avait bien compris ce que je voulais. Quand elle m'a dit que je ne lui en avais jamais parlé, je me suis fâché. J'étais persuadé que, puisque j'avais tout prévu, cela se réaliserait comme je l'avais anticipé. Ce jour-là, j'ai découvert que j'avais tout simplement oublié de lui "communiquer" mes pensées. À cette occasion, je me suis rendu compte que je fonctionnais fréquemment de cette façon erronée et que cela déclenchait en moi des frustrations terribles. »

Ainsi, certains font l'économie d'une mise en mots, d'un partage ou d'un accord, tant ils sont persuadés de la capacité de leur pensée de se transmettre à autrui directement, sans passer par un énoncé clair, sans mettre de mots dessus !

« Après vingt-cinq ans de collaboration, ma secrétaire et moi nous pouvons en rire : il m'arrive souvent d'être persuadé que je lui ai parlé d'un projet alors qu'il n'en est rien ! Dans ma tête, quand je construis un projet, j'inclus sa participation, ce qu'elle doit faire, qui contacter, et quel suivi assurer. Cela forme un tout indifférencié mais solide, qui me permet de passer à un autre projet en étant certain que tout est clair, que chacun sait ce qu'il a à faire, et que tout va bien se passer ! Ce qui est rarement le cas, et pour cause ! Mais je ne change pas pour autant, je fonctionne toujours avec cette croyance que, puisque j'ai pensé, l'autre doit m'avoir compris, et donc que cela doit pouvoir se faire ! »

Il y a des évidences, des certitudes qui s'installent, qui s'imposent à celui ou celle qui «fonctionne» de cette façon, et qui vont l'entraîner par la suite à dépenser une énergie folle pour faire coller la réalité à son projet. Comme si cela allait donner encore plus de valeur à son action. Dans ce cas, l'autosaboteur fonctionne comme un puissant accélérateur permettant de dépasser les obstacles que cette personne a créés elle-même !

Ouverture et passage
La transmission d'une information peut se faire
par différents canaux non verbaux, mais quand
cette information doit se traduire par une action précise
qui suppose la collaboration de plusieurs protagonistes,
il vaut mieux utiliser une communication directe
qui peut s'appuyer sur des mots et même, chaque fois
que cela est possible, sur la question suivante :
« Qu'est-ce que tu as entendu dans ce que j'ai dit ?»

Commencer plusieurs thérapies et surtout n'en terminer aucune !

Le désir de changer est au cœur de chaque être. Nous sommes nombreux à commencer des démarches de changement, à entreprendre une thérapie, à nous inscrire dans des groupes de développement personnel ou de formation aux relations humaines. Mais certains, après quelques séances, quelques fins de semaine passées en compagnie de femmes et d'hommes qui ont eux aussi entrepris un processus de changement décrochent. Ils ont entendu parler de quelque chose d'autre. Peut-être même se sentent-ils attirés par un courant tourné vers la spiritualité, ou sollicités par le divin, ou appelés à une intériorisation plus profonde. Ils disent alors qu'ils n'accrochent pas avec l'animatrice ou l'animateur; que le thérapeute est trop silencieux, ou trop jeune; qu'il y a trop de personnes déséquilibrées, mal dans leur peau dans le groupe qu'ils fréquentent; qu'ils ont commis une erreur en se dirigeant vers ce type de démarche. Ils naviguent alors d'une thérapie à l'autre, touchent à la bioénergie, à la sophrologie, à la kinésiologie, à l'analyse transactionnelle, à la PNL, au *rebirthing*, au rêve éveillé, à l'approche non directive de Rogers, au psychodrame, à la psychanalyse en face à face ou avec divan, côtoient l'EMDR, les thérapies familiales, les TCC (thérapies comportementales et cognitives); ils essaient des thérapies brèves, courtes, longues, ou participent à des groupes de formation à la méthode ESPERE!

En fait, ils arrêtent chaque fois qu'il y a un soupçon ou l'ombre d'une amélioration en eux, un début de changement, une implication plus grande. Tout se passe comme s'ils avaient le sentiment de se trahir en changeant, d'abandonner leur véritable personnalité, de ne plus être eux-mêmes.

« Je ne pouvais pas me faire ça! Je devenais de plus en plus anxieux, avec le besoin de m'accrocher à mes conduites anciennes. Même si je sentais qu'elles n'étaient pas bonnes pour moi, elles me paraissaient soudain nécessaires. Avec elles, j'étais en terrain connu! »

« J'ai entrepris beaucoup de démarches. Au début, je suis enthousiaste, persuadée d'avoir découvert ce qui me convient. Je crois que je tiens le bon bout, que j'ai enfin ce qu'il me faut et au bout de quelques mois, je commence à critiquer, j'oublie mes rendez-vous, j'ai toujours des choses plus urgentes à faire. J'abandonne. Mais je sais que je vais recommencer. J'ai dépensé une fortune en stages et thérapies diverses. D'ailleurs, j'ai entendu parler dernièrement de quelque chose qui me semble bien, je vais aller voir. »

Le changement est souhaité, mais également redouté. L'équilibre interne est paradoxalement maintenu à travers cette succession de stimulations et d'inquiétudes suscitées par un parcours thérapeutique, mais voilà, on ne veut pas prendre le risque de plonger, de s'abandonner à une remise en cause plus profonde.

La solitude paraît insupportable, mais la combler avec des relations plus vivantes, plus équilibrées dévoilerait un vide encore plus insupportable. Le choix va se faire dans ce sens : plutôt la solitude et le mal-être que le vide et l'angoisse. L'autosaboteur fonctionne comme une sauvegarde vitale.

Le pervers entre souvent en thérapie, non pour guérir, mais pour recharger ses batteries, pour redynamiser ses ressources quand l'angoisse est trop forte. Cela lui permet justement de continuer à être pervers ! Il deviendrait très malheureux s'il changeait. Ne plus être pervers lui serait insupportable.

Ouverture et passage
Le plus difficile, dans la recherche de notre vérité intime, c'est que parfois on risque de la trouver.

Je suis un vrai méchant

Le vrai méchant est en fait un faux méchant qui a besoin de se présenter comme *vraiment méchant* !

Le vrai méchant n'est pas malveillant envers ses semblables, ni cruel avec les animaux, il est seulement mauvais pour lui-même. Il a la haine de sa personne. Il s'en veut à mort d'être obligé de vivre en sa propre compagnie. Le vrai méchant est quelqu'un qui nie sa sensibilité, qui a rejeté la moindre émotion hors de lui. On le croit vivant, alors que tout est mort à l'intérieur de lui. C'est le désert au-dedans, le blanc total, le vide torturé. Rien ne pousse, rien n'émerge, ni sentiment positif ou joyeux, ni ressenti léger ou doux, ni pensée gratuite ou sereine. Au-dehors, c'est l'anesthésie la plus complète. Sauf qu'il est quand même capable, le vrai méchant, d'émettre des radiations qui dévitalisent et stérilisent tout ce qui passe à sa portée.

« Je ne comprends pas comment certains peuvent se sentir bien avec eux-mêmes, et je me déteste d'être obligé de côtoyer des gens qui passent leur temps à vouloir être heureux, qui croient que la vie est faite pour manger, dormir, travailler, se reproduire, avoir un petit chez-soi, des amis et des week-ends prolongés. »

« Je vous assure, je ne me supporte pas en compagnie de gens qui veulent me laisser croire que je suis comme eux, qui sont persuadés que je leur ressemble et que j'ai les mêmes aspirations à la con qu'eux ! »

C'est la méchanceté à ciel ouvert qui maintient debout le vrai méchant, envers et contre tous. En étant contre tout, et surtout contre lui-même, il traverse la vie sans avoir besoin de la vivre, il surfe sur la surface de l'existence en utilisant les fluides qui passent à sa portée pour rester debout.

Chez lui, tout est dans le discours : une construction complexe de mots pour montrer une fois de plus qu'il ne devrait pas se donner la peine de vivre, que c'est du temps perdu. Que la vie est un scandale permanent, une tromperie ignominieuse et qu'il a bien raison de ne pas s'aimer, et qu'il ne devrait pas s'accepter comme il a la faiblesse de le faire.

Ouverture et passage
Il n'y a pire méchanceté que celle qu'on se voue à soi-même sans espoir de se pardonner d'exister.

La bouderie

J'ai gardé pour la fin (mais y a-t-il une fin ?) un des autosaboteurs les plus pernicieux, celui qui sévit chez celui qui décide de bouder et d'imposer sa bouderie à son entourage. Sabotage qui sévit à la fois chez celui (ou celle) qui décide soudain de se taire et d'imposer son silence, et chez ceux qui le subissent, car il déclenche chez eux gêne et malaise. Tout l'entourage d'un bouder peut être atteint. C'est un silence si tonitruant qu'il envahit tout l'espace d'une relation, quand le bouder cherche à manifester sa déception, son insatisfaction ou son déplaisir, quand il veut crier, avec son mutisme et ses mimiques accentuées, qu'il n'est pas content ou qu'il réclame de l'attention pour lui seul.

« La spécialité de ma sœur était d'entrer en bouderie chaque fois que notre père était présent dans la maison. Elle estimait sans doute que l'attention de "son père" devait se mobiliser pour elle, et pour elle seule. Dès qu'elle me voyait faire une tentative d'approche vers lui, ou que maman tentait un échange ou un rapprochement, elle se levait et se promenait lentement devant nous, avec une moue prononcée, le regard fixe et le dos plein de réprobation. Chaque fois, mon père se laissait prendre. Il lui demandait ce qu'elle avait, si elle n'avait pas mal quelque part, ou si elle avait quelque chose à dire. Elle ne répondait pas, mais venait se coller à lui et restait silencieuse. Cela pouvait durer une heure. J'étais chaque fois surprise que mon père, qui paraissait toujours très occupé, lui consacre autant de temps, autant de sa personne, sans jamais d'ailleurs recevoir la moindre marque d'affection ou d'intérêt. L'important, aux yeux de ma sœur, était de capter l'attention de l'homme de la maison, de la capter pour elle seule, à son seul profit ! »

Bouder est une activité paradoxale, car elle punit à la fois le bouder et ceux à qui il impose sa bouderie. Punir, dans le sens de priver, de limiter le plaisir, d'empêcher de jouir des bienfaits d'une communication vivante dans laquelle le demander, le donner, le recevoir et le refuser peuvent jouer en toute liberté.

Un bouder aguerri est capable de faire la tête plusieurs jours d'affilée, instaurant par ses attitudes un climat lourd, une ambiance si pénible que, généralement, on cherche par tous les moyens d'alléger l'atmosphère, y compris en essayant d'apprivoiser le bouder, de le sortir de son silence. Ce qui ne fait, le plus souvent, que renforcer ce silence !

« Dans ma première vie conjugale, j'étais capable de bouder toute une semaine. La plupart du temps, je commençais à faire la tête au début du week-end. C'était épouvantable, pour moi, pour elle, pour mes enfants. Un seul mot de ma femme pouvait me blesser. Je me fermais à cause d'un geste, d'une remarque que je trouvais inacceptable et, à partir de là, je ne regardais plus personne, je n'adressais plus la parole à quiconque, je devenais froid comme du marbre, inaccessible à toutes les tentatives, à toutes les approches des uns et des autres. Je voulais les punir de me sentir incompris ! Et eux ne savaient pas, ne comprenaient pas du tout ce qui avait pu m'atteindre. Je sortais de ces bouderies comme d'un tunnel dans lequel j'aurais séjourné sans lumière, sans échanges, sans même me nourrir, car durant ces périodes, même si je me présentais à la table familiale, je ne mangeais rien, seulement quelques miettes de pain que je malaxais dans mes mains, le regard fixe. J'étais terriblement présent, et volontairement absent. Je n'ai jamais compris ce qui m'entraînait à ce comportement. Je voyais bien l'élément déclencheur, mais je n'ai jamais analysé ce qui me plongeait dans cet état et m'y maintenait aussi longtemps, et surtout de façon aussi répétitive. Qui est-ce que je punissais en réalité ? »

« Mon fils de huit ans, que je trouve vivant, très expansif et passionnant quand il se lance dans le récit de ses aventures scolaires et extrascolaires, est capable, à la moindre frustration, de se fermer. Nous le voyons, son père et moi, se mettre en retrait sur sa chaise, croiser les bras, pincer les lèvres. Il a le regard fixe, se coupe de tout. Aucune menace, aucune approche conciliante ne peut le sortir de son mutisme. Cette attitude déclenche en moi des colères insensées, une agressivité violente, avec l'envie de percer cette carapace qui l'enveloppe, de lui faire du mal, pour qu'il retrouve une sensibilité. Je suis parfois obligée de m'éloigner tellement ma rage est grande, si grande que je crains de lui faire mal, très mal. »

Le boudeur a besoin de se sentir le centre du monde. Il supporte mal le partage, la concurrence, la comparaison ou la confrontation. Il est pour l'affrontement, mais un affrontement particulier, dans lequel il est le seul à définir les règles. « Je t'impose mon silence et je te mets en difficulté, et même, chaque fois que cela est possible, en échec. Je te mets en échec dans le domaine où tu es censé être le plus compétent, celui des relations humaines, des contacts, de la convivialité. »

Celui qui boude se comporte comme un redoutable terroriste relationnel, dans le sens où il maîtrise parfaitement des « armes » aussi efficaces que la culpabilisation, le reproche implicite, le maintien d'une tension dans les échanges, l'accusation indirecte et directe, ou l'utilisation d'enjeux affectifs autour de la menace d'un non-amour et d'un rejet possible de sa part.

« Enfant, quand je boudais, maman était tellement malheureuse qu'elle revenait toujours sur sa décision. Je savais qu'au bout d'une heure maximum elle craquerait. »

Cette bonne de curé, qui ne veut pas être appelée bonne, mais aide au service de Monsieur le Curé, explique dans une interview : « Il ne faut pas croire, un curé c'est un homme comme tout le monde, avec son caractère et ses colères. Mais moi, chaque fois qu'il se met en colère contre moi, je ne dis rien, je me tais, mais je me tais toute la journée. Je lui fais sentir qu'il est allé trop loin, qu'il ne peut pas tout se permettre. Et même durant les repas, je lui passe les plats en silence, et je ne réponds pas à ses commentaires. Il ne tient pas le coup, alors, le soir, au moment de la tisane, il me fait des excuses et moi je les accepte. »

Bien sûr, il arrive un moment où la bouderie s'interrompt, où la relation redevient normale, apaisée, mais elle est toujours chargée, comme un ciel d'orage, d'une menace potentielle : le retour d'un blocage, d'un refus de partager ou d'échanger, d'une mise en retrait provocatrice.

Même s'il tire des satisfactions de sa bouderie (liées au mal-être de l'autre), le boudeur paie cher son silence et son repli. On peut imaginer la somme d'énergie qui est investie dans le maintien de ses attitudes, dans la polarisation, la fixation sur l'obligation de garder le silence, dans le fait d'être si intensément présent (et non anesthésié, comme on pourrait le croire) et de paraître déconnecté alors que tous ses sens sont en éveil ! Il y a chaque fois comme un espace de vie qui est mis entre parenthèses, qui est phagocyté, stérilisé.

Dans *Les voir en peinture*, J.-B. Pontalis illustre ainsi l'attitude d'une boudeuse :

« Sur ma table, un grand livre consacré à Bonnard. Je l'ouvre. De page en page, j'y découvre Marthe. J'apprends qu'elle fut cent quarante-six fois peinte, sept cent dix-sept fois croquée dans ses carnets. Bonnard nous dévoile rarement le visage de Marthe (peut-être n'était-il pas très beau) qui reste caché par la chevelure. Il nous la montre souvent dans des positions peu avantageuses : accroupie dans son tub, courbée pour se laver les pieds ; même dans l'eau verte de la baignoire, elle paraît boudeuse, souffreteuse (elle l'était) plutôt que rêvant d'un amour fou. Je me dis que l'irrésistible et permanent besoin que Bonnard a ressenti de peindre Marthe, de la peindre encore et encore, à chaque fois comme pour une première fois, de la peindre nue, venait de ce que, même toute nue, il ne la saisissait jamais toute ; la boudeuse, qui fut d'ailleurs une grande menteuse, gardait son secret. Ce fut elle qui, au fil des années que dura leur union, se montra possessive. On a trop vite vu en Bonnard le peintre du simple bonheur de vivre : les jardins, le chatoiement des couleurs vives, les tables chargées de fruits. Mais regardez les photographies que nous avons de lui, vous y verrez, discrètes mais présentes, les marques de la mélancolie[7]. »

Comme j'aime le regard de ce psychanalyste sagace et subtil. Un regard qui sait entendre et dévoiler l'indicible.

---

7. J.-B. Pontalis, *Elles*, Paris, éditions Gallimard, 2007.

> *Ouverture et passage*
> Renoncer à une bouderie, aussi minime soit-elle,
> c'est laisser une bouffée de vie s'engouffrer dans un présent
> et laisser ainsi s'épanouir tous les possibles d'un partage.

Que le mal soit mon bien

Reprenons une invocation de Chateaubriand, dans *Le Génie du Christianisme* : « Mal soit mon unique bien ! »

Cet autosaboteur est nourri par la dynamique suivante : de toute façon cela va finir par arriver, alors autant que cela arrive tout de suite et sous mon contrôle. Jean Genet semble avoir été, une grande partie de sa vie, dans cette dynamique-là, qui pourrait se traduire ainsi :

« Pour ne pas avoir à subir le déni ou le mal, je m'en empare et je demeure le seul à me l'appliquer, ne laissant à personne d'autre le soin de me faire du mal ou de le faire autour de moi ! »

On le voit également quand certaines mères abusées dans leur enfance collaborent aux abus de leur partenaire conjugal sur leur fille, ou les favorisent. Comme si elles étaient guidées plus ou moins consciemment par cette injonction : « Je suis sûre que cela va arriver un jour ou l'autre, alors plus vite ce sera fait mieux ce sera. » L'angoisse est moins grande quand ce que nous redoutons arrive.

« Puisque de toute façon je n'y peux rien, autant précipiter les choses et de préférence dans le sens du pire, de la catastrophe pour moi et pour les autres ! »

« Il va finir par me quitter, je le sais, alors autant lui mener la vie dure, lui rendre le quotidien insupportable. Comme ça, c'est moi qui aurai fait ce qu'il faut pour être abandonnée, pour qu'il parte. Ce sera ma décision, même si c'est lui qui la réalise ! »

Shakespeare (dans un style à la fois poétique et un peu ampoulé) décrit ce trouble chez Richard III qui, dans un long monologue, crie : « Moi le mal équarri, l'amputé de charmes corporels, floué d'attraits… moi qui n'ai pas d'autres plaisirs pour tromper [défier] le temps que d'épier mon ombre au soleil en chantant des variations sur ma propre difformité » ou encore : « Moi qui suis si difforme, si monstrueux, je me suis résolu de m'avérer [de me présenter comme] un scélérat ! »

Certaines de ces personnes peuvent plonger dans le mal, aller à l'extrême, se mettre au ban de la société.

> **Ouverture et passage**
> Répétons-le à nouveau : celui qui préfère avoir mal et même faire le mal parce que c'est quelque chose qu'il connaît bien ne peut entrer dans l'inconnu du bien-être plein d'imprévisibles, de chausse-trappes et de réajustements nécessaires.

Un mini autosaboteur peut en cacher un plus grand !

Tel cet homme qui parle d'abondance, avec une ironie et un détachement apparent, d'une chose qui ne le concerne pas du tout, oh, pas du tout, et qui révèle ainsi ses plus secrètes préoccupations ou angoisses.

« Je vois mal sur une plage naturiste un type atteint de priapisme ! Mais comment ferait-il pour porter ou cacher son engin ? Vous me direz, c'est la même chose quand il est en smoking dans une soirée habillée, il doit se déplacer en marchant en canard ou alors à reculons ! Ces mecs devraient se faire opérer ou se faire raccourcir pour pouvoir tenir leur place en public ! » Et ainsi de gloser toute une soirée ou un repas sur une particularité qui semble lui faire défaut, et qui n'avait peut-être pas besoin d'être révélée (même de façon indirecte) à toute une assemblée !

Telle cette jeune femme qui veut nous apprendre à tout prix et de façon très détaillée les mœurs particulières et la vie sexuelle des reines, chez les abeilles (qu'elle vient de découvrir dans un documentaire). « Vous vous rendez compte, un seul mâle ne lui suffit pas, et chacun y laisse l'essentiel de son attribut. Le premier qui la rattrape et la rejoint dans son vol, la pénètre, lui laisse sa semence et, au moment de se retirer, découvre que son sexe est resté coincé à l'intérieur. Il va d'ailleurs en mourir. Et le second, c'est incroyable, avant de s'introduire, doit extraire, en plein vol avec ses pattes sans doute, le sexe de celui qui l'a précédé pour pouvoir à son tour prendre sa place et éjaculer. » (Petit rire nerveux.) Puis elle demande si «le terme est bien adapté pour les faux-bourdons». Il y a toujours quelqu'un de plus informé qui précise et rectifie : «On dit copuler.» Et la première de reprendre : «Il paraît qu'ils peuvent être jusqu'à quinze ou seize pour remplir son truc. – La poche spermatique», précise l'entomologiste amateur (il en sait des choses sur le monde des abeilles !), et il ne peut s'empêcher de compléter le cours magistral : «C'est ce qui va lui permettre, durant cinq ou six ans, de produire jusqu'à deux cent mille œufs par an.» La jeune femme, qui s'excite de plus en plus, ne veut pas se laisser entraîner sur le terrain du savoir, elle préfère se laisser aller à quelques grivoiseries. «Vous vous rendez compte, pour une première et unique fois, il lui en faut vingt pour la contenter, et pour les remercier, qu'est-ce qu'elle fait ? Elle les castre de l'essentiel ! Je ne sais pas si beaucoup d'hommes apprécieraient !»

Se présenter ainsi en fille libérée, pas du tout coincée, qui peut parler du sexe sans aucune gêne, c'est en dire beaucoup plus sur elle que sur les pratiques amoureuses des reines des abeilles !

Ceux qui ne peuvent s'empêcher de revenir souvent sur certains sujets, de s'exclamer, d'énoncer des critiques excessives sur les mœurs et les habitudes de vie de leurs semblables ne sont pas toujours conscients qu'ils dévoilent ainsi leurs propres attirances refoulées ou censurées.

«Je ne peux même pas imaginer comment font les homosexuels. Près de chez moi, il y a un endroit boisé ; il paraît que c'est un lieu de rencontre. Il y a toujours au moins quinze à vingt voitures, mais personne dedans. Ça se passe à l'extérieur, au coin d'un fourré ou contre un arbre, à la va-vite, pof pof. En hiver ils doivent se geler les fesses, à moins que…» À ce moment-là, celui qui raconte se tait, laissant à son auditoire le soin d'imaginer ce qu'il imagine, lui. La conclusion se perd dans des commentaires divers sur la liberté de chacun à vivre sa sexualité comme il le souhaite, entre adultes. Puis celui qui a lancé le sujet affirme haut et fort que «de toute façon, il faut être anormal, pas bien dans sa tête pour en arriver là».

Nul n'est plus sourd à lui-même que celui qui entend son déni.

Ouverture et passage
Si, avec ton seul voile, tu caches trop vite ton derrière, tu risques de dévoiler plus que ton visage.

La fonction cachée des autosaboteurs

Même lorsque nous prenons conscience de leur existence, les autosaboteurs ne se laissent pas déloger facilement. Nous avons beaucoup de mal
à renoncer à leur présence, car chacun, à sa façon, remplit une fonction
de régulation ou de rééquilibrage dans notre relation au monde et à
nous-mêmes.

Tout se passe comme si nous avions besoin d'eux à un moment
donné de notre existence, même s'ils se révèlent par la suite contraignants, encombrants, voire inutiles. Une des origines les plus archaïques
de certains autosaboteurs me semble résider dans l'inscription précoce
en nous de certains manques ou traumatismes dont, paradoxalement,
nous endossons la responsabilité. Combien d'enfants ont inscrit très tôt
dans leur corps des blessures ou des vérités non dites sur les circonstances de leur naissance, et les portent comme une faute qu'ils auraient
commise ?

L'exemple qui sera repris dans le chapitre « Travail sur soi et responsabilisation » témoigne d'un tel processus. Une femme parle. Elle n'exprime pas directement son sentiment d'être « une victime incomprise et
mal aimée », mais nous pouvons néanmoins entendre, dans ses paroles,
les lointains échos d'un sentiment de culpabilité. « J'étais persuadée que
la chance m'avait écartée de son chemin et que quelqu'un, là-haut,
devait me détester ou me faire payer une chose que j'avais faite ou que
j'aurais dû faire. »

Sur la conviction inconsciente que l'on peut avoir à propos d'une
faute que l'on aurait commise se forme un premier noyau de culpabilité,
qui devient la matrice d'un mouvement de retournement de la violence
contre nous-mêmes, qui va ensuite entraîner des distorsions dans nos
relations au monde, aux proches et à nous-mêmes.

Il y a aussi, à l'origine de nombreux autosaboteurs, tous les manques
nourris par des non-réponses, ou des réponses inadaptées, de l'entourage
proche aux besoins relationnels des enfants, que ce soit par aveuglement, surdité, méconnaissance ou incompétence. Il ne s'agit pas d'entendre dans ce dernier commentaire une attaque (une fois de plus)
contre les parents, mais, plus simplement, de poser un constat afin de
montrer (si besoin est) que « l'élevage » d'un enfant suppose des compétences plus cohérentes, plus structurées que celles que nous leur pro-
posons avec notre seule bonne volonté ou la vitalité de notre amour.

Cette faille dans les compétences débouche sur plusieurs manques : manque de confiance, d'espoir, de perspectives positives envers le futur proche ou plus lointain, de repères fiables, de balises sûres ; manques qui n'ont pas été repérés, entendus et satisfaits.

Maintenir un enfant ou un adulte trop longtemps et de façon répétitive dans le manque va susciter chez lui des frustrations et des angoisses, des revendications et des colères, des violences et des autoviolences. Chez ceux qui n'ont pas vu leurs besoins relationnels comblés, ce retournement de la violence, en particulier contre eux-mêmes, altère leur relation au monde, aux proches et à eux-mêmes.

Mais, plus tard, chaque fois que l'on arrive à reconnaître le besoin central et prioritaire qui se cache derrière tel ou tel manque, il est possible que l'on voie les autosaboteurs diminuer, si ce n'est disparaître de notre vie.

C'est donc tout un travail de recadrage qu'il nous faut accomplir, tout un travail de repositionnement vis-à-vis des événements structurants de notre vie, pour à la fois mieux comprendre et pour renoncer à tout ce que nous entretenons de négatif en nous.

Une autre origine (qui peut d'ailleurs se greffer sur la première) qui me semble importante pour comprendre l'apparition et la présence d'un autosaboteur dans notre vie revient à se poser la question qui donne son titre à ce livre : À *qui ferais-je de la peine si j'étais moi-même ?* auquel pourrait s'ajouter une autre question : « Et à qui aurais-je quelque chose à prouver ? » Pour montrer à tout prix que l'on n'est pas tout à fait ce que l'on paraît être. Un besoin impérieux de faire la preuve que l'on est autre ou différent va nous entraîner dans beaucoup d'errances. La peur de faire de la peine, le besoin de faire la preuve que... vont se faire en direction de l'une ou l'autre des personnes significatives de notre vie : maman, papa, un frère, une sœur, une grand-mère ou un grand-père, ou vers un des personnages fantasmés de notre enfance et, plus tard, vers des pseudo-amis et peut-être des ennemis intérieurs. La peur de décevoir, de ne plus être aimé, de blesser, de réveiller une nostalgie, de renforcer une tristesse chez un parent qui a perdu un enfant avant nous, par exemple, ou qui a été abandonné par ses parents, par un amoureux, par un mari.

Oui, à qui ferais-je de la peine si j'étais en accord avec moi-même ? Avec l'énergie libérée par cette clarification, il sera possible, par la suite, de se confronter à chacun des autosaboteurs qui sapent notre existence.

L'autoculpabilisation, par exemple (face au suicide de son propre enfant), est une tentative de nous protéger de notre impuissance, de ce sentiment que nous n'avons rien pu faire : nous nous disons que si nous avions fait ceci, ou que si nous n'avions pas fait cela, notre enfant ne se serait pas donné la mort. C'est une façon d'entretenir une relation fictive (imaginaire) très forte avec celui qui n'est plus.

Dans l'autojustification outrancière, je me protège contre la perspective de ne pas maîtriser l'émotionnel. Avec, à l'arrière-plan, le besoin de rester aux commandes afin d'empêcher l'irruption du chaos qui s'agite autour de ma sensibilité trop sensible.

En préservant une bonne image de moi-même, je me protège contre une détresse profonde qui se joue sur le plan de l'identité, liée à des blessures archaïques (non-reconnaissance de ma personne, de mes qualités, de mon existence d'être unique).

Avec la répression imaginaire, je combats l'absence d'estime de soi qui navigue en moi.

Ouverture et passage

Il est difficile de quitter le monde de l'enfance, même quand nous en avons très fort le désir. Et devenir adulte signifie que l'on ne peut compter que sur soi pour répondre à l'essentiel de nos besoins, et que nous devons apprendre à vivre avec les manques de notre histoire.

Clin d'œil pour garder l'espoir

Il y a quelques mois, après avoir donné une conférence sur le thème *Le courage d'être soi*, j'ai reçu la lettre suivante :

« Je fus et je suis encore une autosaboteuse redoutable, une de celles dont vous avez parlé dans votre dernière conférence à Québec. Je me suis reconnue à plusieurs reprises, aussi mon témoignage n'est-il qu'un petit clin d'œil pour vous encourager à poursuivre pour nous aider à démythifier nos conduites erronées. Quand je lis un de vos livres, c'est une caresse de joie sur mon âme, et l'enfant qui n'est jamais très loin en moi rit du plaisir de se découvrir, de se voir débusqué aussi, entendu et compris. J'ai senti chez vous tant de compassion et d'amour au cœur d'une redoutable lucidité, ce qui m'a permis de comprendre comment je me massacrais ("maganais", comme on dit au Québec !). Vous êtes semblable à un médecin qui vous montre que vous boitez et saignez... parce que vous continuez à marcher avec un clou ou un caillou que vous avez laissé au fond de votre chaussure. Et d'autres fois, vous m'avez montré que ce qui me semblait une blessure purulente installée pour la vie n'était que ma façon à moi d'entretenir ma souffrance. J'ai eu une grande peine quand j'ai réalisé à quel point je me faisais mal, avec une constance effroyable, comment je me faisais une vie d'enfer, au milieu de malentendus permanents avec moi-même, par manque d'amour envers moi. Votre livre refermé, il reste ouvert en moi longtemps, le soleil revenu dans mon cœur qui se fait plus léger et curieux de toute cette vie que je sens circuler avec plus de légèreté. L'impression d'avoir quelques kilos de croyances en moins... qui laissent la place à un flot de liberté-gratitude, à une intensité de vie vertigineuse. Croyez-vous qu'avant notre dernier souffle on peut espérer trouver la quiétude due à l'assurance qu'il n'y a plus de "parasites" en nous ?

« Répondez-moi un jour si vous en avez le goût, si bien sûr il y a une réponse. Ma vie aujourd'hui est un vrai tourbillon de créativité et de rencontres avec de belles personnes. Vous m'avez offert un coin de ciel bleu, ce qui lui donne un peu de paix et plus de sens.

« Je vous fais un gros *hug* d'amour et de lumière ! »

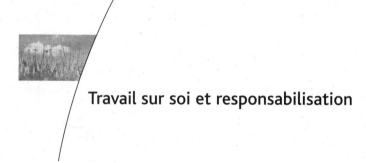

Travail sur soi et responsabilisation

Les chemins à prendre sont nombreux pour tenter d'aller au-delà de la prise de conscience vers une prise en charge ou un renoncement à nos autosabotages.

Comme je l'ai écrit tout au début de cet ouvrage, nous pourrions aussi appeler nos autosaboteurs nos « empêcheurs de vivre », à la manière d'Henri Michaux, tout en donnant à cette expression un sens figuré. Dans notre entourage, il y a parfois des importuns qui nous importunent, des insupportables que nous supportons, des infréquentables que nous fréquentons. Il y a aussi ceux que nous hébergeons à demeure et que nous tolérons avec complaisance en notre for intérieur (*for* qui vient du latin *forum*, mais qui peut aussi être un fort, pour ne pas dire une forteresse). Ceux-là ne sont pas des êtres d'os et de chair, mais des autres en nous, que nous laissons faire et dire. Ce sont des voix qui nous imposent leurs quatre volontés. Ces êtres-là, invisibles et immatériels, mènent la danse et nous entraînent là où nous ne voulons pas toujours aller. Ils jouent un rôle d'autant plus pernicieux que nous ne sommes pas conscients de leur manège. Ce sont nos ennemis ou nos faux amis intérieurs, nos empêcheurs de vivre et d'être nous-mêmes.

Toute démarche pour entreprendre un travail sur soi commence, d'une part, avec la prise de conscience que nous sommes des êtres d'évolution et, d'autre part, avec la croyance qu'il est possible de changer, de sortir des répétitions, de ne plus s'enfermer dans les mêmes pièges relationnels, ou encore d'oser mettre des mots sur ce qui paraissait jusqu'alors de l'ordre de l'indicible.

« Jusqu'à maintenant, dit cette femme, je ne me connaissais qu'au travers de ma souffrance. Je m'identifiais tellement à mes difficultés que je croyais n'être que cela, une pauvre victime incomprise, mal aimée. J'étais persuadée que la chance m'avait écartée de son chemin et que quelqu'un, là-haut, devait me détester ou me faire payer quelque chose que j'avais fait ou que j'aurais dû faire. J'ai découvert brusquement, d'abord à partir d'une lecture, ensuite d'un stage de formation aux relations humaines, que ce que je portais comme un fardeau depuis tant d'années, je l'entretenais avec une ténacité stupéfiante ! Ce ne fut pas facile pour moi d'accepter que nous sommes co-auteurs (vous l'avez souvent écrit) de tout ce qui nous arrive, et surtout (ai-je bien compris ?) que nous sommes responsables de ce que nous faisons avec ce qui nous arrive ! Le plus souvent, je demandais à l'autre de me respecter, alors que c'était moi qui ne me respectais pas en restant dans une relation qui me détruisait. J'attendais (je devrais dire : j'exigeais) de ma mère qu'elle m'aime et je n'arrivais pas à entendre qu'elle ne pouvait me donner cet amour. Le sien était resté fixé sur l'homme qui l'avait quittée et je représentais pour elle une sorte de culpabilisation permanente, insupportable. Dans la plupart de mes relations, j'ai longtemps espéré que les autres changent, s'ajustent, fassent un effort pour aller vers moi, m'acceptent et m'entendent sans que j'aie besoin de m'exprimer ! Je voulais qu'ils me rejoignent et s'ajustent à mes idées et mes sentiments, dans une sorte d'accord spontané et magique. J'étais en pleine illusion, celle que vous appelez l'ITPI (illusion de la toute-puissance infantile), qui nous laisse croire que les autres doivent répondre à nos désirs toutes affaires cessantes. J'apprends progressivement à sortir de la victimisation et de l'attente revendicatrice. J'entre dans l'espérance. Une espérance active, dont je me sens responsable. »

J'espère que cette femme ira au-delà de l'espérance, pour se donner les moyens de briser la chaîne de ses répétitions, de lâcher prise sur des comportements qui sont contraignants pour elle et qui constituent un véritable handicap dans ses relations.

À l'opposé du discours de cette femme, un homme m'écrit (ce qui est plus rare) pour me dire la démarche d'ouverture qu'il commence, mais à partir de prémices totalement différentes, sinon opposées à celles décrites précédemment :

« J'étais un homme heureux, comblé (du moins, je le croyais). Que pouvais-je demander de plus à la vie ? J'avais une femme aimante, totalement présente et disponible, trois enfants, un travail passionnant, une maison, pas de dettes, des parents en bonne santé, une passion pour le cheval. Bref, je n'aurais pu demander ni ajouter plus à l'espace de mon bonheur ! Et puis, un de mes fils a fait une tentative de suicide, suivie d'une dépression. D'un seul coup sont remontés à la surface des non-dits, des secrets de famille, des événements dont je n'aurais jamais imaginé l'existence dans la vie de ma femme, de chacune de mes deux filles, de mon fils. Derrière la façade lisse, heureuse, parfaite, il y avait tout un arrière-plan, tout un passé plus sombre, plus conflictuel, chargé de violences et de conflits. Je me suis ainsi trouvé poussé à entreprendre une démarche vers un psy, ce que je détestais le plus au monde, ce que je disqualifiais en permanence sitôt qu'un thème touchant aux relations, à la communication intime, aux difficultés personnelles se manifestait dans mon entourage. Vous aviez écrit, je crois que "la folie d'un seul membre d'une famille peut réveiller la folie de chacun de ses membres". J'en suis persuadé aujourd'hui, quand je vois mon propre désarroi, quand je sens tout ce qui remonte brutalement à la surface jusqu'alors limpide de ma propre histoire, quand j'entends et que je relie les morceaux d'un immense puzzle qui m'entourait et dont je ne percevais jusqu'à maintenant que des contours flous. Je suis sur un chemin qui m'effraie, me panique, sur lequel toutes mes certitudes s'effritent, se dissolvent sans que pour l'instant je puisse entrevoir une porte de sortie, un espace pour m'apaiser. Et je sais au plus profond de moi que je dois commencer à prendre ce chemin. J'entreprends un travail sur moi. Je ne sais jusqu'où il me conduira, mais je sais qu'il est nécessaire et vital pour mon existence et celle de mes proches. Une dernière chose pour clore ma lettre, je vous en ai voulu longtemps, car je vous voyais, dans vos ouvrages, habile à déconstruire, à remettre en cause les évidences les plus banales, à démythifier le jeu des apparences, à pousser chacun à se confronter à son histoire. Je n'en suis pas encore à vous remercier, mais simplement à accueillir votre travail avec plus de respect. »

Dans le premier exemple, la femme, à partir d'une démarche de formation, semble se faire suffisamment confiance pour puiser dans ses ressources, pour affronter ses démons intérieurs, pour dépasser quelques-uns des pièges qu'elle semble entretenir (comme beaucoup d'entre nous) avec tellement d'ardeur et d'aveuglement.

Dans le deuxième cas, l'homme va prendre le risque de plonger dans les remous de son histoire pour tenter de retrouver un équilibre rompu par la maladie de son fils (nos enfants sont d'une habileté exception-nelle pour réveiller l'ex-enfant qui est en nous !).

Je suis toujours émerveillé de voir comment, à partir d'un élément déclencheur vécu directement ou indirectement, peut s'amorcer un pro-cessus de conscientisation, une démarche de changement, un parcours pour un mieux-être, et surtout une aspiration plus grande à se respecter.

Ainsi, chacun de nous, à un moment ou à un autre de son existence, peut partir à la rencontre de sa vérité. Les chemins sont multiples (mais il convient de faire le choix d'une approche fiable), labyrinthiques (surtout), chargés de peurs et de doutes (ô combien !), de résistances (à chaque instant) et de découvertes (étonnantes et stimulantes). Ce tra-vail sur soi, nul ne peut le faire à notre place, nul ne peut y être obligé, mais chacun peut se sentir suffisamment concerné pour l'entreprendre quand il sent que, pour lui, pour elle, le moment est venu.

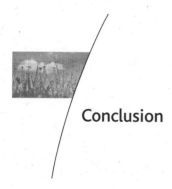

Conclusion

Il n'est pas aisé de conclure un livre qui met le doigt sur des aspects déroutants et dérangeants de nous-mêmes. Je voudrais cependant dire que j'ai beaucoup appris en l'écrivant. *C'est le but premier de l'écriture : nous permettre de reconnaître et d'entendre ce que nous pensions ignorer ou ne pas connaître. Si nous acceptons qu'un des enjeux de la lecture sera de nous permettre de commencer à savoir ce que nous pensons avant même de voir ce que nous disons*[8] *!,* peut-être cet ouvrage nous permettra-t-il de nous réconcilier avec le meilleur de nous-mêmes.

En renonçant à quelques-uns de nos autosaboteurs, c'est un immense champ de vie que nous agrandissons en nous, c'est tout un espace de relations que nous ouvrons, c'est aussi la possibilité de faire advenir de nouvelles rencontres et d'accepter de se laisser stimuler et dynamiser par certaines d'entre elles. Cela nous permettra également de mieux tolérer les séparations nécessaires, imposées ou choisies, qui jalonnent notre vie et qui (d'une certaine façon) nous mettent au monde tout au long de notre existence.

> Et quand tout semble perdu, que vous êtes seul
> pour affronter l'insupportable, que même l'espoir
> se dérobe, alors laissez venir à vous les intuitions
> de votre imaginaire, les rêves de la nuit, et aussi ceux
> engrangés lors de vos lectures et de vos rencontres.
> Ils viendront à votre secours pour ouvrir de nouvelles portes,
> montrer des chemins inattendus, apporter un peu plus d'air,
> irriguer la vie présente en vous.

---

8. J'ai emprunté l'essentiel de cette phrase au premier chapitre du livre merveilleux de Wallace Stegner, *La Vie obstinée*, Paris, Phébus, 2002.

TABLE DES MATIÈRES